Trixi von Bülow

Der kleine Männererkenner

Trixi von Bülow

Der kleine Männer-erkenner

Was sie sagen,
was sie meinen,
was sie tun.

Ehrenwirth

Ehrenwirth Verlag in der Verlagsgruppe Lübbe

Originalausgabe

Ein Renaissance Books Projekt

Schutzumschlag: Christine Paxmann, München
Satz: C48 Design für Web und Druck, München
Gesetz aus der Apollo MT
Druck und Einband: Ebner & Spiegel, Ulm

Printed in Germany

ISBN-13: 978-3-431-03693-0 (ab 01.01.2007)
ISBN-10: 3-431-03693-7

5 4 3 2 1

Sie finden uns im Internet unter
www.luebbe.de

Für Barbara, Birgit, Ruth und Ulrike.
Besonders aber für Birgit.

Und für den Mann, der (fast) alle Klischees Lügen straft.
Nennen wir ihn den Mann an meiner Seite.

What men say and what men do
Is a different pair of shoe.

Altes englisches Sprichwort

Inhalt

Wie alles anfing ...
Eine Art Vorwort

Natürlich habe ich einen Grund, dieses Buch zu schreiben.

Sonst würde ich es ja nicht schreiben, oder?

Das mit den Männern und den Frauen – es ist ein Elend in der Welt, und ich hab mich in letzter Zeit manchmal gefragt, was für uns Frauen eigentlich schlimmer ist: Wenn Männer schweigen oder wenn sie was sagen? Ehrlich gesagt, ich weiß es nicht. Und dann fiel mir ein kleines gelbes Buch von einem lustigen Mann in die Hand – über Frauen und ihre Subtexte.

Wissen Sie, was ein Subtext ist? Das ist der Text hinter dem Text. Man sagt was, aber man meint was anderes – alles klar?

Also ... wenn ich es richtig verstanden habe, sagen Frauen demnach zum Beispiel: *„Es zieht hier irgendwie."* Und meinen: „Mann, mach das Fenster zu, aber schnell!"

Gut. Ich bin eine Frau, und ich gebe zu, da ist was dran. Dann aber las ich weiter. Und da stand doch tatsächlich: Männer haben *keine* Subtexte. Männer meinen immer das, was sie sagen.

Also, ich bin kein Mann, aber *dazu* kann ich nur sagen: *Seeehr* witzig!

Ich persönlich kenne nämlich niemanden, der so wenig meint, was er sagt, wie ein Mann. Jedenfalls, wenn die mit Frauen reden. Aber wahrscheinlich ist denen das gar nicht bewusst, den Männern. Dass sie diese ... äh ... Subtexte haben, mein ich.

Okay – Männer sagen: „Ich geh jetzt Schrauben besorgen." Und meinen: „Ich geh jetzt Schrauben besorgen." Aber schon wenn Männer sagen: „Ich bring jetzt das Altpapier weg", heißt das doch in Wirklichkeit: „Ich bring jetzt das Altpapier weg. Dann muss ich wenigstens nix im Garten machen. Und kann unterwegs noch ein Bierchen trinken."

Muss ich Ihnen wirklich sagen, *wie lange* es dauern kann, wenn Männer zum Altpapiercontainer fahren? Das ist eine echte Tagesreise. Und was ist mit den Hunderten von Männern, die gesagt haben: „Ich geh mal eben Zigaretten holen ..."?

Na?! Eben!

Also, ich meine – Männer haben *durchaus* Subtexte. Sie haben sogar einen eigenen Code. Und das ist für Frauen nicht immer angenehm. Denn oft wissen wir doch gar nicht, was *wirklich* gemeint ist. Oder wir möchten einfach so gern glauben, dass er das, was er sagt, auch meint (und tut!) – und ahnen doch schon, dass alles, alles anders ist.

Kennen Sie den berühmten Männersatz „Ich melde mich!"?

Haben Sie sich zum hundertsten Mal gefragt, warum nach diesem Satz *nie* etwas passiert?

Okay, Sie müssen jetzt ganz stark sein, ja?

Ganz einfach, weil dieser Satz gar nicht das ist, was er vorgibt zu sein.

„Ich melde mich!" ist in der Männersprache eine völlig unverbindliche Floskel, ähnlich dem englischen „How do you do?", auf das kein Engländer je im Ernst eine Antwort erwarten würde. Warum warten *Sie* dann auf einen Anruf?

Ein Mann will einfach nett sein. Oder kein Geschrei haben. Oder einen neuen Eintrag in seinem Adressbuch, das er in Zeiten der Not durchblättern kann. Oder er kann heute nicht einschätzen, wie er morgen drauf ist – was weiß ich?! Da kann man Ursachenforschung betreiben, dass es kracht!

Aber sein „Ich melde mich!" dürfen Sie in 95% der Fälle getrost übersetzen mit: „Von mir hörst du das nächste halbe Jahr nix mehr."

Und *das*, meine Lieben, ist die bittere Wahrheit. Männer versprechen Ihnen am Abend den Himmel auf

Erden, bekommen am Morgen danach den ersten mentalen Einbruch und können sich schon wenige Tage später an nichts mehr erinnern („Birgit ... wer?“).

Gut, es gibt ein paar Situationen im Leben eines Mannes, da *meint* er, was er *sagt*. Und es gibt einige wenige Männer, die sogar *tun*, was sie sagen. Doch – mal ehrlich! – wie oft passiert einem das im Leben?

In der Regel hängen wir Frauen ratlos in der Warteschleife und ärgern uns nur! Und trotz aller Ratgeber, trotz exzessiver Gespräche mit besten Freundinnen verstehen wir es immer noch nicht – dieses Wesen vom anderen Stern, Millionen Lichtjahre entfernt, diesen Neandertaler, der immer noch in seiner Höhle sitzt, wo wir ihn nicht stören sollen, diesen viel besungenen Helden – außen hart und innen ganz weich.

Und weil das so ist, schreibe ich dieses Buch. Damit Frauen endlich kapieren, was Männer *wirklich* meinen. Was überhaupt mit ihnen los ist. Und warum sie so selten halten, was sie versprechen. Denn das spart Nerven. Herzschmerz. Und unglaublich viel Zeit.

Frauen verlieben sich mit den Ohren, heißt es. Vielleicht lügen Männer deswegen so gut. Sie würden es natürlich anders nennen. Es ist eben alles eine Frage der Definition.

Sollten Sie zu den wenigen Auserwählten gehören, bei denen die Schnittmenge zwischen dem, was ein Mann sagt, meint und tut bei hundert Prozent liegt, dann freuen Sie sich, dass Sie das große Los gezogen haben, und schenken Sie dieses Büchlein einer Freundin in Not. Sie wird es Ihnen danken.

„Ich ruf dich an!"
Vom Leben in der Warteschleife

Der Klassiker:

Ein romantischer Abend geht zu Ende. Das erste Date war wunderbar. Alles so, wie es sein sollte. Mein Gott – ist der süß! Und hat ihr so nette Sachen gesagt. SIE ist total verliebt. Das könnte echt was werden. Sie umarmen sich ein letztes Mal. Und dann sagt ER:

"Ich ruf dich an!"

Sie freut sich wie eine Schneekönigin. Sie schwebt nach Hause. Sie schwebt ins Bett. Sie ist die schönste Fee von allen Feen dieser Welt. Sie ist glücklich wie schon lange nicht mehr. Endlich schläft sie ein. Endlich wacht sie auf.

Und dann? Was passiert? Richtig. Nichts passiert. Nicht am nächsten Tag und nicht am übernächsten und nicht mal in zwei Wochen. Er ruft nicht an. *Er ruft einfach nicht an!* Mittlerweile geht sie minütlich ans Telefon, um es zu überprüfen, und nimmt ihr Handy mit in den Wäschekeller und ins Bad. Sie ist die hässlichste Schnepfe von allen Schnepfen dieser Welt. Sie ist unglücklich wie schon lange nicht mehr.

Sie berät sich mit ihren Freundinnen. „Kannste vergessen!“, sagt die eine. „So'n Arschloch!“, sagt die zweite. „Hast du das nötig?“, sagt die dritte.

„Soll *ich* vielleicht mal anrufen?“, fragt sie.

„Auf *gar* keinen Fall!“, schreien alle drei.

Aber was soll sie dann machen? Sie versteht einfach nicht, was los ist. Der Abend war doch so schön. Er hat zu ihr gesagt, sie sei seine Traumfrau. Er hat gesagt, er ruft an! Das sagt man doch nicht einfach so! Allmählich wird sie richtig sauer.

Ist da nun jemand, so fragt sie sich, der nicht anruft, weil er tot ist? Oder einfach nur jemand, den sie zu sehr mag und der sagt, er werde anrufen und es dann einfach nicht tut?

Sie beschließt, nicht mehr an ihn zu denken. Und denkt die ganze Zeit an ihn.

Sie wartet ... und wartet ... und wartet ...

Und wenn er nicht gestorben ist, dann wartet sie noch heute.

Na, wiedererkannt? Männer sind wahre Meister darin, wenn es darum geht, uns Frauen in der Warteschleife hängen zu lassen. Erst baggern sie wie verrückt und machen die tollsten Ansagen – und dann ist plötzlich Funkstille. „Was ist das jetzt für eine Nummer?“, jammern Tag für Tag verzweifelte Frauen, die sich abgehängt, ausgebootet und versetzt fühlen. Und da muss ich dann doch leider mal die ketzerische Frage stellen: Wann kapieren Frauen endlich, dass man einen Mann daran erkennt, was er *tut*, und nicht daran, was er *sagt*?

Männer erzählen einem viel Schönes, wenn der Tag lang ist (oder die Nacht!). Aber wir dürfen nie vergessen, dass sie zwar dieselben Wörter benutzen wie wir, aber damit oft völlig andere Dinge meinen. Und „Ich ruf dich an!" heißt in den meisten Fällen eben auch nicht mehr als „Ruf du mich bloß nicht an, vielleicht melde ich mich mal, wenn ich nichts besseres vorhabe." (Der Subtext – Sie erinnern sich?)

Ich weiß, das klingt jetzt echt hart, aber, mal ehrlich – ich hab schon zu viele durchgedrehte Freundinnen gesehen, die mit völlig aberwitzigen Interpretationsvorschlägen in der Warteschleife hingen und sich mit wachsendem Enthusiasmus Dinge vormachten, die mit der Realität nun überhaupt nichts mehr zu tun hatten.

Die Kluft zwischen dem, was Männer sagen (Du bist meine Traumfrau) und dem, was sie meinen (... aber im wirklichen Leben viel zu anstrengend), folglich dem, was sie sagen (Du bist meine Traumfrau), und dem, was sie tun (... äh ... nichts, was dachten Sie denn?), stürzt selbst kluge Frauen oft in eine solche

Ratlosigkeit, eine solche Verwirrung, ja, Verzweiflung, dass sie noch aus der kleinsten kryptischen Bemerkung gaaanz großes Kino machen müssen – auf der vergeblichen Suche nach einem irgendwie gearteten Sinn, einer Logik, einem Zusammenhang zwischen dem, was sie doch mit eigenen Ohren gehört haben, und dem, was dann passiert. Nämlich nichts.

Zugegebenermaßen neigen Frauen dazu, Männersätze recht phantasievoll umzudeuten und zu ihren Gunsten auszuschmücken. Mit Vorwürfen konfrontiert, sagt der Mann beispielsweise gerne: „Was erwartest du eigentlich von mir?" Er meint: „Von mir kannst du gar nichts erwarten." Und die Frau interpretiert das ganze dann so: „Ich bin im Moment nicht gut drauf. Lass mich eben mal kurz mein Leben sortieren, dann heiraten wir."

Wenn Frauen anfangen, Männer und das, was sie sagen oder tun, zu „übersetzen", erkennt man das daran, dass die Sätze meistens mit *„in Wirklichkeit"* anfangen.

„Er hat nicht angerufen, aber *in Wirklichkeit* will er sich vor seinen eigenen Gefühlen schützen." – „Er hat gesagt, er ist noch nicht soweit, aber *in Wirklichkeit* sehnt er sich nach einer festen Bindung." – „Er hat blau gesagt, aber *in Wirklichkeit* meint er rot."

Tja, meine Lieben, das Ergebnis ist katastrophal. *Lost in Translation* – Fehlinterpretation im großen Stil. Einmal Stille Post vom Englischen ins Japanische ins Deutsche.

Der kleine Männererkenner sagt …

In Wirklichkeit jedoch sieht die Sache ganz anders aus. Dass Männer nicht anrufen, wenn Sie es ankündigen, ist ja nur der Auftakt fürs lustige Versteckspiel, mit dem sie uns in den Wahnsinn treiben.

In Wirklichkeit ist es nämlich so, dass Männer sich immer gern ein *Hintertürchen* offen halten.

Auch wenn sie uns mental schon längst abgehakt haben, werden sie den Teufel tun, uns das offen zu sagen. Ja, weiß man denn, ob man nicht irgendwann mal wieder einen einsamen Abend hat? Nicht umsonst behalten Männer immer alle Telefonnummern.

In Wirklichkeit sind Männer viel zu *gefallsüchtig* und *konfliktscheu,* als dass sie eine verliebte Frau mit aller Entschiedenheit zurückweisen würden. Die Liebe ist doch immer ein schönes Kompliment, auf das man ungern verzichtet. Und flennende Frauen sind auch das letzte, was ein Mann will. Um größeres Geschrei zu vermeiden, bleibt man da sicherheitshalber etwas diffus und legt sich auch nicht fest – sei es auf Termine oder auf Personen (Frauen).

Mal abgesehen davon, sind Männer offenbar auch gar nicht *in der Lage*, mit einem Planer sinnvoll umzugehen. Während Frauen ihr Leben gerne auf die nächsten drei Monate genau auf ihrem Leporello eintragen möchten, kommen Männer – zumindest im Privatleben – wunderbar ohne Filofax aus. „Das sehen wir dann", sagen sie, und wir stehen da mit unserem Kalender und sind so schlau wie zuvor.

Männer leben im Moment. Jetzt ist es schön – und nach uns die Sintflut! Im Moment kann man als Mann einfach *alles* sagen und versprechen und meint das dann vielleicht sogar so. Und im Moment kann man sich auch gar nicht vorstellen, dass man in ein paar Tagen vielleicht doch lieber mit seinen Kumpanen einen saufen geht, als sich mit Ihnen zu treffen. Und dann kann man ja immer noch sagen: „Du – das wird mir jetzt echt zu viel."

Verliebte Frauen wissen das offenbar alles nicht. Oder wollen es nicht wissen. Auf einer wahren Schreckensodyssee irren sie durch das Männermeer der Vertröstungen und kassieren das, was Außenstehende sofort glasklar erkennen, nämlich eine Abfuhr nach der anderen. Das Gemeine ist ja gerade, dass Männer niemals klar und eindeutig sind. Und wenn man ihnen schließlich entnervt die Pistole auf die Brust setzt, weichen sie sofort zurück und behaupten, alles sei ganz anders und man selbst eine irre Psychopathin. Auf diese Weise kann man als Frau eine „Beziehung" über Monate, ja, Jahre aufrecht erhalten, die eigentlich nie eine gewesen ist.

Hier die Chronik eines angekündigten Treffens, das niemals stattfinden wird …

1-2-3-Bitte legen Sie nicht auf … Sie werden gleich bedient …

Er ruft nicht an. Man ruft selbst an. Er hat grad fürchterlich viel zu tun, ruft aber später zurück. Er ruft später nicht zurück. Man wartet drei Tage. Man vergisst den letzten Rest von Würde und ruft wieder an. Er sagt, er habe genau in diesem Moment an einen gedacht, wie lustig. Man schlägt vor, zusammen essen zu gehen, und macht einen Termin für nächsten Freitag aus. Mittwochs kauft man sich neue Unterwäsche. Donnerstag erhält man eine SMS, in der steht, dass Freitag leider nicht geht, weil etwas Wichtiges dazwischen gekommen ist. „Aber-lass-uns-nächste-Wochenoch-mal-telefonieren." Man wartet. Die nächste Woche kommt – kein Anruf! Na, warte! Jetzt lässt man ihn schmoren und ruft drei weitere Tage nicht an. Leider merkt er nichts davon, dass man ihn schmoren lässt. Man kriegt die Wut und beschließt, die ganze Sache zu beenden.

„So geht das nicht", schreit man in den Hörer. „Dann *sag* doch, dass du mich nicht sehen willst!"

Er sagt, was ist denn bloß los, und man habe alles falsch verstanden. „Klar will ich dich sehen! Diese Woche ist schlecht, aber lass uns Sonntag noch mal telefonieren."

Man wartet zähneknirschend bis Sonntag nachmittag. Dann hält man es nicht mehr aus. Er geht nicht sofort dran. Dann geht er dran und sagt, er kann grad nicht sprechen, weil er total heiser ist. War ´ne lange Nacht. Aber er meldet sich nächste Woche ...

Was kann man machen?

Okay, meine Lieben, die Hoffnung stirbt zuletzt, aber manchmal ist es doch besser, den Realitäten ins Auge zu sehen.

Wenn ein Mann sich nicht meldet, dann ist weder sein Telefon kaputt, noch sein Haus durch ein Erdbeben zerstört, noch eine Auswanderung nach Amerika der Grund. Dann hat er einfach keine Lust. Oder es ist ihm nicht wichtig genug.

Einen Mann, der nicht zurückruft und sich schwierig macht, wenn es um ein Wiedersehen geht, kann man (leider!) auch nicht mit Strafaktionen in Form von „Pah-den-ruf-ich-jetzt-drei-Wochen-nicht-an!“ für sich gewinnen. Damit straft man eigentlich nur immer sich selbst.

Im Idealfall sollte man eigentlich *gar* nichts machen. Wenn er Sie anrufen will, dann schafft er das, keine Bange! Und zwar am nächsten Tag. Oder am übernächsten. Aber keinesfalls erst in einer Woche. Wenn sie wirklich interessiert sind, können Männer alles. Sogar mit einem Terminkalender vor Ihnen stehen und fragen, wann Sie Zeit haben.

So muss das laufen. Alles andere ist Schnickschnack.

Wenn das nicht so läuft, lassen Sie ihn laufen. Oder schauen Sie wenigstens in folgendes Glossar, um Schlimmeres zu vermeiden.

Was Männer sagen und was sie meinen ...

▸▸ Ich lass mich nicht unter Druck setzen.	Ich will nicht, wann kapierst du das endlich!
▸▸ Ich bin noch nicht soweit.	Für dich werde ich nie soweit sein.
▸▸ So läuft das nicht!	Du hast recht mit deinen Vorwürfen, ist mir aber piepegal.
▸▸ Ich bin total im Stress!	Mit dir hab ich jetzt grad gar keine Lust!
▸▸ Was erwartest du eigentlich von mir?	Von mir kannst du gar nichts erwarten.
▸▸ Ich brauche meine Freiheit!	Ich bin noch auf der Suche. Du bist es jedenfalls nicht.
▸▸ Was ist los?	Jetzt sag nicht, dass du aus dieser Sache ein Riesen-

▸▸ Schatz, das hast du alles völlig falsch verstanden!	O Gott – nur kein Geplärre jetzt.
▸▸ Das können wir doch noch später besprechen.	Das werden wir hoffentlich nie besprechen.
▸▸ Das sehen wir dann.	Problem erfolgreich verschoben.
▸▸ Hab Geduld.	Ich will nicht.
▸▸ Krieg das mal in den Griff mit deiner Geduld.	Ich will nicht, aber du sollst dich mies fühlen.
▸▸ Gut Ding will Weile haben.	Hey – es gibt schließlich noch andere tolle Frauen.
▸▸ Ich bin heiser und kann nicht reden.	War ne tolle Nacht. Neben mir liegt ne echte Perle.
▸▸ Ich sonne mich nackt und dachte an dich.	Mann, seh ich super aus!
▸▸ Ja, ich hab auch grad an dich gedacht.	Scheiße, dass ich den Hörer abgenommen habe.

▸▸ Ich melde mich später.	Das vergessen wir mal sofort.
▸▸ Ach, ich hatte mein Handy gar nicht mit.	Gott sei Dank hab ich deine Nummer erkannt.
▸▸ Du bist die Traumfrau für mich.	Aber in der Wirklichkeit viel zu anstrengend.
▸▸ Hat dir schon mal jemand gesagt, wie schön du bist?	Ich will mit dir schlafen.
▸▸ Rot steht dir toll.	Ich will mit dir schlafen.
▸▸ Du bist die süßeste Fee von allen Feen dieser Welt.	Ich will mit dir schlafen.
▸▸ Baby, ich bring dich ganz groß raus.	Ich will mit dir schlafen.
▸▸ Ich wünschte, du wärst hier.	Ich will mit dir schlafen.
▸▸ Ich liebe dich.	Ich will mit dir schlafen.
▸▸ Natürlich liebe ich dich.	Mach jetzt bitte keinen Stress!

▸▸ Ich denke nur an dich.	Ich will mit dir schlafen.
▸▸ Aber – ich denke immer an dich.	Mein Gott, können Frauen lästig sein!
▸▸ Wir passen so gut zusammen.	Wir schlafen gerade miteinander.
▸▸ Ich ruf dich an!	Okay – das muss ich jetzt nicht wirklich übersetzen, oder?

„Mir geht's schlecht!"
Männer auf dem Sprung ins Grab

Der Klassiker:

ER kommt von der Arbeit nach Hause. Bleiche, angespannte Miene, starrer Blick. Gerade will SIE „Hallo" sagen, da knallt er seine Tasche schon auf den Stuhl. Hoppla – was war das? Hat sie irgend etwas Falsches gesagt? Aber eigentlich hat sie ja noch gar nichts gesagt, oder?

Mit Leichenbittermiene zieht er seinen Mantel aus. „Ist was?", fragt sie und fühlt sich irgendwie schuldig. Stumm reißt er an seinen Schnürsenkeln, die sich ihm verweigern. „Herrgottnochmal!", flucht er vor sich hin.

„Hey – was ist?", versucht sie es noch einmal.

„Mir geht's schlecht!", stößt er ohne weitere Erklärung hervor und hastet an ihr vorbei. Sekunden später hört sie Badewasser einlaufen.

Schade, dann wird's wohl nichts mit dem Kino heute abend. Was er nur hat? War das jetzt ein Mir-geht's-schlecht-war'n-Scheißtag-heute oder ein Mir-geht's-schlecht-ich-krieg-die-Grippe?

Vorsichtig steckt sie den Kopf durch die Badezimmertür. Er liegt in der Wanne wie ein gestrandeter Wal und schaut sie an, als wäre sie eine Außerirdische. Sie setzt sich auf den Wannenrand.

„Schätzchen, was hast du denn?"

„Mir geht's schlecht!", erwidert er unwirsch. (Kann man nicht mal in der Badewanne seine Ruhe haben?)

„Ja, aber *wie* denn schlecht? – Ich meine, hast du Kopfschmerzen oder Halsschmerzen oder Bauchschmerzen ..." (Machen wir hier lustiges Rätselraten – oder was?)

„Meine Güte! Schlecht halt. *Schlecht*! Komm, geh mal zur Seite, ich muss hier raus!" (Löse dich in Luft auf, Weib!)

Genervt klettert er aus der Badewanne, schlingt sich auf dem Weg ins Schlafzimmer ein Handtuch um und wirft sich auf das Bett.

„Soll ich dir einen Tee machen?", fragt sie ratlos. Sie weiß zwar immer noch nicht, was eigentlich los ist, aber Tee kann man irgendwie immer anbieten – das klingt auch nett und pflegerisch besorgt.

„Nein – ja. Ach, ich weiß nicht. Lass mich am besten einfach in Ruhe!"

Dummerweise macht sie das Gegenteil. Sie setzt sich zu ihm und nimmt seine Hand. „Aber, Schätzchen! Was hast du denn nur?"

„Nein, nicht die Hand!“ Er zieht seine Hand weg, als habe ihn ein Insekt gestochen. „Ich kann das jetzt nicht haben!“

Was für ein Hysteriker! Allmählich wird sie sauer.

„Verrätst du mir jetzt vielleicht einfach, was ist? Was soll das heißen – schlecht? Schwindel, Fieber, Übelkeit, Krämpfe? So schwer kann das doch nicht sein!“, insistiert sie.

Er verdreht die Augen, als stünde er kurz vor dem Schlaganfall.

„Mir geht's schlecht – das sagte ich bereits! Schlecht, wenn du verstehst, was das heißt. Muss ich mich hier noch rechtfertigen? – Weißt du was? Geh einfach. Geh!“ Er lässt sich erschöpft ins Kissen zurücksinken und schließt die Augen – zum Sterben bereit.

Na gut. Hat sie es nötig, sich hier anschnauzen zu lassen? Beleidigt steht sie auf und geht. Ihr Mitleid ist kalter Wut gewichen. Einen Moment überlegt sie, ob sie die Tür zuknallen soll, aber dann macht sie sie nur sehr, *sehr* leise zu. Soll er doch leiden, wo der Pfeffer wächst!

Ja, wir wissen es alle. Der leidende Mann ist nicht einfach zu haben. Frauen leiden einfach schöner! Es ist doch so – wenn *wir* malade sind oder es uns nicht gut geht, können wir nicht nur einfach *sagen*, was uns fehlt. Wir sind darüber hinaus auch sehr umgängliche, dankbare Patienten, die sich freuen, wenn man sich um sie kümmert, ihnen die Hand hält und einfach bei ihnen ist. Wir machen uns nun wirklich nicht schwer. Und es ist ein reines Vergnügen, uns zu pflegen, wenn wir krank sind. *Wenn* wir mal krank sind!

Anders der kranke Mann. Er ist nicht hilflos, nett und dankbar. Sondern irgendwas zwischen hysterisch und unverschämt. Das hat schon Molière gewusst – wo er recht hat, hat er recht. Immer wieder ist es für Frauen ein Rätsel, wie es möglich ist, *so* zu leiden und gleichzeitig *so* aggressiv zu sein?

„Mir geht's schlecht!" Von einem Mann gesprochen ist dieser Satz ein Vorwurf an die ganze Welt und seine Generalamnesie zugleich. Und nur kontextuell zu übersetzen. Denn es kann so vieles bedeuten: „Mir geht's schlecht, und ich hasse euch alle!" Oder: „Mir geht's schlecht – geh nur noch auf Zehenspitzen, stell mir was zu trinken hin, halt die Kinder still und komm bloß nicht auf die Idee, mich anzusprechen!" Oder: „Auszeit! Den Rasen musst du mähen. Ich kann jetzt hier gar nichts mehr machen!" Auf einer Party kann „Mir geht's schlecht!" bedeuten: „Ich hab keine Lust, mir noch länger mit anzusehen, wie dieser gutaussehende Typ mit dir flirtet." Wenn Sie mal ohne Kinder in die Ferien gefahren sind und am Telefon fragen, wie es ihm geht, heißt „Mir geht's schlecht!" eigentlich nur: „Wenn du mich schon mit dem ganzen Mist allein lässt, will ich dir wenigstens den Spaß verderben." Nach 22 Uhr bedeutet „Mir geht's schlecht!": „Ich will nicht mit dir schlafen." Und wenn er mit 37,5 Grad Fieber im Bett liegt, heißt es: „Ich weiß, dass ich bald sterbe."

Eines bedeutet dieser Satz aber auf keinen Fall: „Komm zu mir, Liebste, ich will umarmt werden!" Das muss man einfach wissen als Frau. Man kann hier nicht von sich auf andere schließen! Das gibt nur Frust auf beiden Seiten!

Merke:

Bei einer Frau: „Mir geht's schlecht!": Bitte *komm* und umarme mich!

Bei einem Mann: „Mir geht's schlecht!": Bitte *geh* und lass mich in Ruhe!

Also – nicht verwechseln!

Um Leben und Tod

Nicht immer bleiben Männer so diffus, wenn es um ihren „Gesundheitszustand" geht. Wenn ein Mann das Gefühl hat, wirklich krank zu sein (und nicht nur schlecht gelaunt), kann er die Symptome so detailliert und ausführlich beschreiben, dass jeder Arzt vor Neid erblasst. Ja, man könnte sagen, dass Männer eine besonders innige Beziehung zur Krankheit haben. Manchmal führen sie sogar darüber Tagebuch. Thomas Mann hat es uns vorgemacht: „Heute wieder schlimmen Schnupfen." Und seit Woody Allen wissen wir auch, was ein Mann durchmacht, wenn er sich durch ein Ohrensausen vom Tode bedroht fühlt.

Es versteht sich von selbst, dass es bei Männern keine einfachen Erkrankungen gibt. Es geht immer um Leben und Tod! Der Schnupfen ist mindestens die chinesische Grippe. Der blaue Fleck am Bein vom letzten Fahrradsturz ist ein untrügliches Anzeichen für Hautkrebs („Schließlich hatte ich als Kind diesen schlimmen Sonnenbrand!"), der bohrende Kopfschmerz ist nicht vom Saufgelage am Vorabend – es ist der Drei-Tage-Tumor, der sich unbeirrbar seinen Weg durchs Hirn frisst. Zu viel gegessen und Druck in der Brust? Das ist die Herzklappe, die nicht mehr richtig schließt. Und wenn es noch nicht gesagt wurde, sage ich es jetzt voller Anerkennung: Die schönsten Krankheiten haben immer noch Männer erfunden!

Den Todesphantasien sind keine Grenzen gesetzt – wenn es um Krankheiten geht, wird jeder Mann zum Kreativen. Gern greift man auch Anregungen aus Zeitungen auf. Denn wenn sie schon im STERN darüber berichten, dass dieses rätselhafte Nebula-Virus auf dem Vormarsch ist, wäre es doch sträflicher Leichtsinn, seinen Körper nicht umgehend nach den ersten Symptomen abzusuchen. Ist die Hautrötung erst mal entdeckt, kann man seine ganze Umgebung mit neuen Wahnvorstellungen quälen. Und wenn die Menschen zu Hause und im Büro nicht mehr mitziehen, dann eben den Hausarzt. Obwohl der in letzter Zeit immer so eilig ist.

Wenn ein Mann sagt: „Der Arzt taugt nichts!", meint er nur: „Dieser Ignorant nimmt meine Krankheiten nicht mehr ernst."

Gott sei Dank gibt es ja noch den Notarzt! Den kann man rund um die Uhr anrufen, und er *muss* kommen! Wie schön! Der Tag geht, der Schmerz geht weiter! Wahrscheinlich sind es Männer, die die Krankenkassenbeiträge in die Höhe getrieben haben. Und sie selbst tun auch gern ihr Scherflein dazu, wenn es darum geht, dem Tod ein Schnippchen zu schlagen.

Shoppen in der Apotheke und in Drogeriemärkten ist ein beliebter Sport bei gesundheitsbewussten Männern. Ganz hoch im Kurs stehen Multivitaminpräparate, Calcium, handgefertigte Müsliriegel, Knoblauchpillen, Grippe-Prophylaxe-Mittel und Isostar für Hochleistungssportler. Das kann man immer gebrauchen, und es ist so viel praktischer und interessanter, als Äpfel zu essen oder sich zu bewegen. Außerdem darf man an der Gesundheit nicht sparen.

Es ist doch so – was nützen die schönsten Schuhe, wenn man tot ist?

Okay – das würden Frauen jetzt anders sehen. Aber die sind ja auch nicht so wehleidig wie Männer. Was die für ein Geschrei machen, wenn sie sich mal geschnitten haben. Und ich meine jetzt nicht mit der Kettensäge, sondern mit einer winzig kleinen Nagelschere. „Blut! Blut!“, schreien sie entsetzt. Uns Frauen lässt das kalt. Verständlicherweise. Sonst müssten wir uns ja jeden Monat in die Notaufnahme einweisen lassen. Und mal ehrlich – da ziehen *wir* doch einen schönen Stadtbummel vor.

Natürlich gibt es auch unter den Männern echt harte Burschen, denen das mit dem Blut nichts ausmacht – man denke nur an all die Chirurgen, Geburtshelfer und Serienkiller. Aber macht uns das wirklich Hoffnung?

1-2-3-Ich bin dabei!

Folgende kleine Geschichte mag zeigen, dass Männer hochempfindliche Geschöpfe sind, die in erster Linie immer an ihr körperliches Wohlergehen denken müssen, weil sie sonst zusammenbrechen.

Eine Frau, kurz vor der Geburt. Ein Mann, der sie begleiten will.

Drei Tage vor dem errechneten Termin beginnt der Mann damit, umsichtig eine Tasche zu packen: 5 Päckchen Traubenzucker, 1 Dose Isostar für Hochleistungssportler, 1 Dose Cola, 1 Flasche Multivitaminsaft, 1 Rolle Kekse, 1 Piccolo, 1 Paket Salzstangen, 2 Landjäger, vakuumverpackte Sandwiches, 1 Päckchen Aspirin.

Nach einer Weile sagt die Frau gerührt: „Aber Schätzchen! Das ist wirklich süß von dir, aber das brauche ich doch alles gar nicht ..."

„Das ist ja auch gar nicht für dich", entgegnet er. „Du bist ja gut versorgt. Ich muss schließlich sehen, wie ich das durchhalte. Nachher bekommt man da nichts zu essen oder zu trinken oder der Kreislauf macht schlapp ... Ich meine, so eine Geburt kann lange dauern. Da muss man präpariert sein."

Und Sie denken jetzt, das hätte ich mir ausgedacht, was?

Der kleine Männererkenner sagt …

Das Stöhnen und Leiden der Männer ist so alt wie die Schöpfungsgeschichte.

Wissen Sie, warum der liebe Gott, nachdem er Adam erschaffen hatte, auch noch Eva erschuf? Er hätte das ewige Gejammer von Adam nicht einen Tag länger ausgehalten. Deswegen stellte er ihm eine Frau zur Seite, die sich künftig das Gestöhne anhören durfte. Wobei man einfach mal klarstellen muss, dass das Stöhnen die meiste Zeit nichts mit Sex zu tun hatte. (Das ist bis heute so geblieben.) Aber irgendwie hörte das Jammern einfach nicht auf. Und als dann die Sache mit dem Apfel passierte, hatte Gott einen prima Vorwand, diesen lästigen Hypochonder loszuwerden. Okay – um Eva tat es ihm ein bisschen leid. Aber manchmal muss man eben Opfer bringen, um seine Ruhe zu haben.

Was ich damit sagen will: Der Mann wurde schon leidend erschaffen.

Und so wie Frauen sich ständig fragen, ob sie zu dick sind oder zu dick werden, fragen sich Männer eben ständig, ob sie was Schlimmes haben oder noch bekommen. Und daran haben bis heute all die Sprüche vom Indianer, der keinen Schmerz kennt, und vom harten Mann, der nicht weint, nichts geändert. Es ist eine Frage der Beschaffenheit – der Moleküle, wenn man so will. Wir erinnern uns: Der Mann wurde aus *Lehm* gemacht. Die Frau hingegen aus einer *Rippe*. Und Lehm ist nun mal weicher als Knochen. Vielleicht ist das der Grund, warum Männer sich in ihrem tiefsten Innern so verletzlich fühlen.

Was kann man machen?

Schwierig. Aber ich glaube, je weniger Sie machen, desto besser. Ein Mann, der sich nicht wohl in seiner Haut fühlt, ist ja gerade deswegen so unausstehlich, weil er sich dann selbst nicht leiden kann. Das jämmerliche Bild, das er abgibt, möchte er nicht noch durch Ihre ständigen Kommentare gespiegelt sehen.

Wenn Sie einen leidenden Mann an Ihrer Seite haben, lassen Sie ihn einfach in Ruhe. Werfen Sie von der Tür aus eine Runde Mitleid ins Zimmer, aber werden Sie in Ihrem fürsorglichen Wahn nicht zur Boa Constrictor. Er meldet sich schon, wenn er was braucht. Sollte er sich zu oft melden, kaufen Sie ihm eine „Men's Health", damit er was zum Blättern hat, stellen Sie ihm etwas zu trinken ans Bett und sagen Sie: „Ich lass dich jetzt mal ein bisschen, damit du deine Ruhe hast, du Armer!"

Dann setzen Sie sich gemütlich aufs Sofa und gucken „Tatort". Mehr ist nicht zu tun.

Und wenn Ihr todgeweihter Liebling wieder mal seinen hypochondrischen Phantasien nachhängt und Ihnen sagt, dass er sowieso bald im Grab liegt, müssen Sie sich echt keine Sorgen machen: Ein Mann, der ständig vom Sterben redet, überlebt Sie mindestens um zwanzig Jahre!

„Schatz, du kriegst was ganz Tolles von mir!“

Männer und Geschenke

Der Klassiker:

SIE hat Geburtstag, und ER hat sich diesmal was ganz besonderes ausgedacht. Das erzählt er jedenfalls schon seit Tagen. „Du kriegst vielleicht was Tolles!“, erklärt er geheimnisvoll, und ihre Spannung steigt. „Da kommst du nie drauf!“ Er lächelt zufrieden. „Mann, du kannst dich echt freuen!“

Was hat er sich nur einfallen lassen? Das klingt auf jeden Fall nach viel mehr als die übliche Pralinen-und-Parfüm-Nummer. Na ja, schließlich ist es ja auch ein runder Geburtstag. Vielleicht hat er eine Überraschungsparty für sie geplant? Mit Band und so. Oder eine Ballonfahrt? Oder hat er sich etwa gemerkt, dass sie die Ohrringe, die ihre Cousine letztes Mal anhatte, so schön fand, und war beim Juwelier? Ein Shoppingtrip nach Paris oder New York wäre natürlich auch nicht schlecht ... Wie oft hat sie schon davon geträumt, dass sie beim Frühstück unter ihrer Serviette mal ein

Flugticket findet. Immerhin hat sie ihm zu seinem letzten runden Geburtstag ein verlängertes Wochenende in Neapel geschenkt, weil er sich so für Ausgrabungen interessiert. Damals hat er gesagt, da müsse er sich ja zu ihrem Geburtstag auch was ganz Tolles einfallen lassen ...

Dann ist er da – der Tag der Tage! Endlich darf sie ins Wohnzimmer. Auf dem Tisch steht ein riesiger Strauß Blumen. Leider stimmt die Mischung irgendwie nicht: 4 rote Rosen, 40 Stengel Schleierkraut, 400 Stengel Farn und Gestrüpp. Der Ozongehalt des Wohnzimmers hat sich jedenfalls deutlich verbessert. Sie atmet tief durch und tritt näher. Verzweifelt durchforsten ihre Blicke den kleinen Wald vor ihren Augen. Hängt da irgendwo was drin? Nein, Fehlanzeige. Wo aber, bitte schön, soll nun das tolle Geschenk sein?

Dort! Unter dem Gestrüpp liegt ein kleines Päckchen. Leider ist es zu groß für eine Juwelierspreziose – es sei denn, es wäre ein mittelgroßer Goldbarren drin.

„Nun mach schon auf!", drängt er freudig erregt.

Mit einem etwas mulmigem Gefühl im Magen knibbelt sie an den üppig verteilten Klebebandstreifen. Offenbar war er diesmal selbst der Verpackungskünstler. Na, jedenfalls ist es dann nichts aus der Parfümerie. Mit Entsetzen fällt ihr ein, dass er ihr mit dem gleichen verzückten Gesichtsausdruck vor drei Jahren zum

Geburtstag eine Bratpfanne geschenkt hat. Und vor zwei Jahren gab es doch ... gab es da nicht diese putzigen Bärenfrühstückstassen? Mit einer Karte, auf der stand: „Dein Bärli will immer mit dir frühstücken“? Na ja – das war ja noch irgendwie ganz süß. Sozusagen ein symbolisches Geschenk. Wenn nur die Bärentassen nicht so grauenvoll gewesen wären. Aber sie hat es einfach nicht übers Herz gebracht, ihm die Wahrheit zu sagen. Was vielleicht ein Fehler war. Denn letztes Jahr gab es dann gleich die passenden Bärli-Teller dazu. Und das hier werden doch jetzt nicht die Bärli-Eierbecher sein? Nein – dazu ist das Teil zu schwer.

Inzwischen hat sie es aus dem Papier gewickelt und starrt etwas ratlos auf eine ... Sardinenbüchse. Das ist zugegebenermaßen ... originell. Aber was *soll* das?

„Du musst die Karte lesen, du musst die Karte lesen!“ Er springt um sie herum wie Rumpelstilzchen um die Königstochter. „Die Sardinenbüchse *steht* ja nur für etwas, verstehst du?!“

Ja, sie versteht. Vielleicht gibt es noch Hoffnung. Sie nickt und liest: „Happy birthday, lieber Schatz! Zu deinem Geburtstag möchte ich dich entführen! Rate mal!“

Er strahlt sie an, als ob sie eine Weltreise gewonnen hätte.

Da endlich fällt bei ihr der Groschen.

Sardinenbüchse – Sardinen – Sardinien! *Sardinien!!!*

Er fährt mit ihr nach Sardinien! Da wollte sie immer schon mal hin!

„O Schatz!“, sagt sie überwältigt. „Du bist ja verrückt! Das heißt doch nicht ... fahren wir etwa ...“

„Heute Abend, mein Schatz!“, erklärt er stolz. „Ich hab schon einen Tisch bestellt.“

„Tisch bestellt?“, fragt sie ungläubig. „In ... Sardinien?“

„Nein, was sollen wir denn in Sardinien? Wir gehen in dieses gemütliche Fischlokal, wo ich neulich mit meinen Kollegen war. Nur du und ich. Na? Was sagst du jetzt?! Ist das nun eine tolle Überraschung, oder nicht?“

Es entzieht sich meiner Kenntnis, ob die Beschenkte vor freudiger Überraschung in Ohnmacht fiel oder ob sie vorher noch Gelegenheit hatte, die Sardinenbüchse an die Schläfe des Sardiniers zu werfen. Fest steht jedenfalls, dass Männer ein unglaubliches Geschick beweisen, wenn es um Geschenke für ihre Liebste geht (alle übrigen Geschenke für Freunde, Kinder Schwiegermütter kaufen ja dann eh wir, richtig?).

Während Frauen gemeinhin Geschenke lieben und zum Beispiel die Päckchen ihrer Freundinnen in freudiger Erregung und in der Gewißheit aufreißen, dass ihnen der Inhalt gefallen wird, stehen sie Männergeschenken mit leichter Nervosität gegenüber. Dabei ist es ja nicht so, dass Frauen keine Überraschungen mögen. Frauen *lieben* Überraschungen! Trotzdem zucken sie innerlich zusammen, wenn ein Mann zu ihnen sagt: „Schatz, ich hab eine Überraschung für dich!“ Zu oft haben sie schon die unglaublichsten Dinge erlebt, nicht selten Enttäuschungen, und die Frage ist doch: Wie oft kann man überzeugend Begeisterung heucheln?

Was bleibt uns auch übrig, wenn Männer mit dem absoluten Gespür für das Falsche manchmal Sachen auftreiben, bei denen man sich fragt, wo man so etwas heute noch bekommt?

Ja, ehrlich, wo bekommt man diese Schreckensteile, die uns Jahr für Jahr auf den Tisch gelegt werden? Gibt es einen geheimen Versandkatalog, von dem wir nichts wissen?

Dabei ist es doch nicht so, dass Männer irgendwo im afrikanischen Busch leben, wo außer Glasperlen und Tierzähnen nichts zu haben ist. Ich meine, sie leben hier bei uns, in der Zi-vi-li-sa-tion. Sie lesen Zeitung, sie hören Autoradio, sie sehen fern, sie gehen ins Kino. Wenn man da nur ein bisschen aufpasst, weiß man doch, wie das laufen muss mit den Geschenken.

Im Film zumindest gibt es Männer, die ganze Wohnungen mit Rosen und Kerzen schmücken, wenn die Liebste von irgendwoher zurückkommt. Im Film drückt er ihr die Autoschlüssel für das Cabrio mit dem nonchalanten Satz „Guck mal aus dem Fenster, da steht was für dich!“ in die Hand. Im Film steht sie nachts auf, um zum schreienden Baby zu gehen. Und wenn sie zurückkommt, was findet sie da auf dem Kopfkissen? Richtig – das kleine Kästchen mit dem Zehnkaräter. Im Film legt er ihr von hinten die Perlenkette um den Hals. Im Film mietet er ein ganzes Restaurant nur für sie beide.

Und auch wenn es um romantische Geschenke geht, die gar nicht viel kosten müssen, sondern einfach zeigen sollen, *wie* sehr man jemanden schätzt und liebt, stolpern die wirklichen Männer den Leinwandhelden irgendwie ziemlich hinterher. Selten genug, dass ein Mann ein selbstbesprühtes Betttuch von der Autobahnbrücke hängen lässt, auf dem steht: „Ich liebe dich, Carola!“ Wahrscheinlich liegt es am Drehbuch. Auch wenn die meisten Filme von Männern gemacht werden – ich wette, da sitzt immer irgendwo eine Regieassistentin, die sagt: „Nein, nein – so geht das nicht – die Frau muss das und das bekommen und zwar so und so.“

Leider fehlen im wirklichen Leben diese freundlichen Seelen, die unsere geheimsten Wünsche kennen.

1-2-3-dreißig-Möglichkeiten, einer Frau das Falsche zu schenken

Im wirklichen Leben schenken Männer einfach anders.

Die einen schenken gar nichts. Entweder aus Überzeugung („Alles nur Konsumterror!") oder weil sie den Termin leider verschwitzt haben („Aber das holen wir noch nach, Schatz!"). Manche Männer schenken in solch einem Fall auch gerne Gutscheine. Ich meine – Gutscheine, die nie eingelöst werden, was dachten Sie denn? Ich kenne Frauen, die darüber geschieden wurden oder schlicht und ergreifend gestorben sind, weil es mangels Gelegenheit nie dazu gekommen ist, dass sie die zwei Wochen Beauty-Farm oder die Nilkreuzfahrt je einlösen konnten.

Merke:

Gutscheine sind nur dann wirklich gut, wenn sie sofort in die Tat umgesetzt werden können!

Die Frage ist natürlich überhaupt: Muss ein Geschenk 24 Stunden vor der Deadline besorgt werden? Das Gute an Geburtstagen oder Jahrestagen oder Weihnachten ist ja gerade, dass man diese Termine etwa ein Jahr im voraus weiß, oder? Wie kommt es dann, so fragt man sich als vorausschauende Frau, dass am 23. Dezember um 14.30 Uhr immer noch Männer wie von Sinnen durch die Kaufhäuser und Parfümerien straucheln und Verkäuferinnen damit nerven, dass sie die BH-Größe ihrer Freundin nicht kennen („Äh, ich glaube, 135 G, oder so?"). Oder sich Polyesterhalstücher mit Hufeisenaufdruck aufschwatzen lassen. Schließlich bringt so ein Hufeisen doch Glück!

Es gibt aber auch Männer, die ganz offensiv mit leeren Händen kommen. Sie erscheinen abends zum Geburtstagsdinner, erklären mit jovialer Geste: „Ich bin das Geschenk!", und fühlen sich dabei offenbar wie James Bond, kurz bevor der mit einer Blondine ins Bett steigt. Anschließend lassen sie sich zum Essen einladen. Schließlich darf man froh sein, dass sie ihre kostbare Zeit überhaupt an uns verschwenden.

Vorsicht geboten ist auch bei den Vertretern, die mit *einer* roten Rose bei Ihnen auftauchen. Wahrscheinlich kommen die sich sehr schlau vor. Preiswert *und* romantisch! Mal ehrlich, keine Frau will *eine* rote Rose – es sei denn, sie wird vom Flughafen abgeholt. Oder der Rosenkavalier ist ein armer Student oder mindestens Tenor an der Staatsoper und singt für sie.

Okay, ich will nicht ungerecht sein. Wenn ich's recht bedenke, gibt es für eine Frau noch Schlimmeres als eine langstielige rote Rose. Zum Beispiel rosa Gerbera an Schleierkraut mit Grün. Aber das ist dann schon wieder Kunsthandwerk an der Blume, wie man es auch von Bestattungen kennt. Und dass Männer noch immer nicht begriffen haben, dass Tankstellenblumengestecke nicht der richtige Weg sind, um ein Frauenherz zu erobern, lässt schon tief blicken.

Überhaupt scheint die Tanke ein beliebter Ort für den Erwerb von Geschenken zu sein. Unter dem Motto „Kleine Geschenke erhalten die Freundschaft" wird hier munter gekauft, was das Kind im Manne entzückt: Plüschteddys, die sich an riesigen roten Herzen festklammern, auf denen „Sweetheart" steht, Gesteinslampen mit heilender Wirkung oder Konsensplatten aus dem CD-Regal – Kuschelrock 125 – da hat man dann als Frau aber schon Glück gehabt!

Und wenn Männer ganz originell sein wollen, schenken sie einen Didl-Schlüsselanhänger („Weil du meine süße Maus bist!") oder einen Lachsack („Weil du so schön lachst!"). Alles schon vorgekommen. Wer soll das lustig finden? Wir vielleicht? Wirklich – für solche Späße sind Frauen nicht zu haben. Wenn es ums Schenken geht, sind wir ganz klassisch.

Wohnt man erst einmal unter einem Dach, lässt die Originalität der Gaben merklich nach. Dafür schenkt der Mann dann gern etwas Nützliches, was aber trotzdem doch noch sehr persönlich ist, denn nur wir allein werden es voraussichtlich benutzen. Wahrscheinlich steckt unbewusst der Wunsch dahinter, die goldene Kindheit noch einmal zu beschwören, wo die Mutter kochte, bügelte und Brote schmierte. Und – hey! – welche Frau freut sich nicht über Bratpfannen, Dampfbügeleisen und Starmixer? So in ihrem allerallertiefsten Inneren? Schade eigentlich, dass Dampfkochtöpfe so ganz aus der Mode gekommen sind. Mit ein bisschen Glück liegt sogar eine elektrische Trockenhaube oder ein Lady-Shave unter der deutschen Tanne.

Sind die Haushaltsgeräte aufgestockt, geht man allmählich zu den ernstzunehmenden technischen Geräten über: DVD–Player, Flachbildschirmfernseher, die hängende Stereoanlage von Bang&Olufson, Digitalkamera, Powerbook. Danach sehnt sich doch irgendwie jede Frau! Und weil das heute in jeden Haushalt gehört und oft auch nicht ganz billig ist, sagt der Mann dann gern: „Das schenken *wir* uns zu Weihnachten.“

Merkwürdigerweise werden Geschenke von Männern im Laufe der Zeit auch immer kleiner, obwohl man in der Regel als arbeitendes Mitglied der Gesellschaft mehr Barschaft zur Verfügung hat als zum Beispiel als

Student oder Lehrling. Bekam man mit Zwanzig noch niedliche Goldkreolen überreicht, kann es einem mit Dreißig passieren, dass man fassungslos eine riesige schwarze praktische (!) No-Name-Plastiktasche in Händen hält – für die man bei einem Umtausch gerade mal das winzigste Prada-Portemonnaichen bekommt. Wie soll man auch einem Mann erklären, dass es Frauen bei einem Geschenk um die Größe der Geste geht? Sie werden es nie kapieren. Und beim nächsten Mal gibt's Koffer.

Natürlich hört man von Männern, die ihren Frauen unglaublich teure Geschenke machen. Geschmeide und Lederwaren. Und ich weiß, dass das jetzt furchtbar gemein ist, aber: Auch Teures kann schrecklich sein!

Wenn Männer allerdings einmal mit einem Geschenk ins Schwarze getroffen haben, weisen sie die Symptome eines Serienmörders auf. Ich kenne eine Frau, die kann mit ihren Steingutgurkentöpfen bald eine eigene Gartenwirtschaft aufmachen – nur weil ihr der erste Topf gut gefiel und sie dies dummerweise auch äußerte.

Wenn man zum hundertsten Mal jauchzt: „Oh, wie schön! Wieder ein Steinguttopf!", dann kommt man vielleicht zu dem Schluss, dass Männer nicht zum Schenken geboren sind. Aber dafür haben sie ja viele andere wunderbare Eigenschaften.

Der kleine Männererkenner sagt ...

Wenn Sie mich fragen, warum das alles so ist, kann ich Ihnen nur einen Grund nennen: Männer passen nie wirklich auf. Sie hören nicht zu, wenn wir Frauen darüber sprechen, was wir wirklich wollen. Warum auch? Männer schenken teuer, billig, emotional, infantil, originell oder gar nicht. Aber eigentlich hängt ihnen diese ganze Schenkerei zum Halse raus. Gut – das kann man *mal* machen. Und es ist ja auch ganz schön, seiner Liebsten eine Freude zu bereiten. Darum geht es doch gar nicht. Aber eigentlich fährt doch jeder besser, wenn er sich seinen Krempel selbst kauft. Und man spart darüber hinaus das lästige Einpacken.

Was soll daran auch so spannend sein, wenn man erst einmal nicht sieht, was man kriegt.

What you see is what you get – daraus wird doch ein Schuh!

Im Gegensatz zu Frauen *hassen* Männer nämlich Überraschungen. Die, die ihnen selbst bereitet werden, und die, die sie anderen bereiten sollen. Das Leben ist gefährlich genug, da muss man nicht noch zusätzlich ein Risiko eingehen!

Im Gegensatz zu Frauen halten Männer Geschenke auch nicht für *Liebesbeweise*. Liebesbeweise sind die

Tatsache, dass man nach Hause kommt oder dass man einem Nebenbuhler eins auf die Nase gibt.

Wenn ein Mann sagt: „Ich möchte dir was Schönes schenken!“, heisst das eigentlich: „Wann kann ich mit dir schlafen?“. Okay – manchmal heisst es auch: „Es war schön, mit dir zu schlafen, wann machen wir das wieder?“

Also – hören wir auf, uns etwas vorzumachen! Vielleicht gibt es Männer in unserem Land, denen es echt Spaß macht, sich mit dem Thema: „Geschenke für meine Liebste“ zu befassen. Oder sich monatelang den Kopf zu zerbrechen, wovon wir träumen.

Ich kenne allerdings nur wenige. Das sind dann auch die Männer, die gern Briefe schreiben. Und mal ehrlich – wie viele gibt es noch davon?

Was kann man machen?

Um das alljährliche Drama zu vermeiden, gibt es nur einen Weg: Konkret werden! Wunschzettel schreiben. Listen von Geschäften aushängen, wo man eigentlich alles kaufen kann, weil alles schön ist. Beste Freundinnen über Wünsche informieren, damit diese unfehlbare Tipps geben können. Vorher alleine losziehen und in der Stadt scouten, was es so gibt. Dann erst mit Herzensschatz losziehen und auf Sachen zeigen.

Und noch etwas: Wenn ein Mann einer Frau die Frage stellt „Was wünschst du dir?“ bedeutet das nichts anderes als „Mir fällt wie immer nichts ein, sag mir, was ich dir kaufen soll!“ Bitte – sagen Sie es ihm einfach!

Warum wollen Sie das Unheil mit Sätzen wie „Lass dir mal was einfallen!“ oder „Ich wünsch mir eine Überraschung!“ heraufbeschwören?

Dann kommt er nachher mit den Worten: „Schatz, du kriegst was ganz Tolles von mir!“ Und schon sind wir wieder bei der Sardinenbüchse.

Und die goldene Banane ...

... bekommt übrigens der Mann, der im Blumenladen vor dem Kübel mit den Rosen steht und auf die Frage der Floristin: „Wie viele dürfen es denn sein?“, antwortet: „Alle!“

So würden Frauen schenken, wenn sie Männer wären.

„Hallo – ist da jemand … irgend jemand …?“
Männer am Telefon

Der Klassiker:

SIE ruft IHN, na, sagen wir mal, aus den Ferien an. Sie erzählt ausführlich und in anschaulichen Details von ihrem Tag, den Freunden, den Kindern, dem Strand (die Preise für ein Eis am Stiel eingeschlossen) und wie schön (wahlweise: wie schrecklich) alles ist.

Nach einer Weile unterbricht sie sich und fragt misstrauisch: „Bist du noch dran?“ Er knarzt ein Ja. Darauf schiebt sie in kurzer Folge sämtliche Fragen nach, die ein Mann hasst wie die Pest: „Was hast DU denn so gemacht? – Ist irgendwas? – Du klingst irgendwie so komisch? – Bist du sicher, dass nichts ist?“

Nachdem alle Fragen irgendwie ungenügend, dafür aber mit wachsendem Unmut beantwortet wurden, und sie immer weiter versucht hat, ihn doch noch zum Reden zu bringen, gibt sie es schließlich auf, ringt sich, wenn sie nett und großzügig ist, noch zu einem abschließenden Ich-liebe-dich durch, und dann legen beide auf – sie verstimmt, er verstockt, aber erleichtert, dass es vorbei ist.

Um es gleich vorweg zu sagen: Männer am Telefon sind ein ziemlich unergiebiges Thema. Fast könnte man meinen, dass sie mit diesem Medium nichts anzufangen wissen. Man muss es ihnen nachsehen. Ich denke, es ist irgendwie genetisch oder so. Frauen haben eine große Affinität zum Telefon, denn sie sind Ohrenmenschen. Männer sind Augenmenschen. Deswegen muss für einen Mann beispielsweise ein Handy möglichst neu, toll und multifunktional sein. In den Urzeiten des Handys musste dieses schön groß und auffallend sein, dann musste es schön klein und auffallend sein – so klein, dass zarte Männerhände kaum noch in der Lage waren, mit den Miniaturtastaturen eine SMS zu versenden, weswegen heute der Trend wieder zu deutlich größeren Handys geht, die eigentlich tragbare Büros sind und von denen aus man E-Mails verschicken oder empfangen kann – abgesehen von dem ganz normalen Schnickschnack wie Internetzugang, Spiele, Fotoapparat, Kurzfilm. Praktisch wäre es auch, wenn man sich die Haare damit föhnen könnte oder eventuell noch ein Rasierer dran wäre – nur zum Telefonieren brauchen Männer ein Handy eigentlich nicht. Na ja – sagen wir mal zu dem, was Frauen unter Telefonieren verstehen: gemütlich quatschen mit einer Freundin über alles, was so passiert ist, am liebsten stundenlang, am liebsten bei einer Tasse Kaffee, denn es ersetzt ja ein Treffen, eine echte Begegnung.

Das macht Männer offenbar immer wieder fassungslos. Und nach einer Weile – nach einer Stunde oder so – kommen Sie dann tatsächlich zum fünften Mal rein und gestikulieren herum, als ob jeden Moment das Haus einstürzt und man sich in Sicherheit bringen muss. Oder sie verdrehen die Augen und stöhnen: „Telefonierst du immer noch – ihr seht euch doch nächste Woche?!"

Wenn Männer so eine Telefonsession passiv miterleben müssen, wird ihnen ganz schlecht (die kluge Frau vermeidet das) – nicht so sehr wegen der Kosten (das war vielleicht früher mal so, als noch mit den Fingern das Geldzeichen gemacht wurde) – mit der richtigen Vorwahl lässt sich ja heute auch nach Simbabwe noch günstig telefonieren. Nein, die Sache ist ihnen von Grund auf unheimlich. Ihr Urinstinkt sagt ihnen, dass da irgendwas nicht stimmen kann. Aber was?

Der kleine Männererkenner sagt ...

Wenn Frauen lange miteinander telefonieren, bekommen Männer schon allein deswegen Angst, weil sie (berechtigterweise) fürchten, dass es nicht allein um Einkaufsberichte und neue Schuhe geht, sondern auch und vor allem um *sie*. Wenn Männer misstrauisch sagen: „Was habt ihr euch denn nur immer so lange zu erzählen?“, meinen sie in Wirklichkeit: „Ihr lästert wohl die ganze Zeit über mich, was?!“ Und wenn Frauen dann auch noch zum Telefonieren in ein anderes Zimmer gehen und die Tür zu machen, weil sie „in Ruhe“ reden wollen, wird so mancher Mann regelrecht panisch. Geht es jetzt um den letzten Streit, der in allen Einzelheiten durchgehechelt wird? Oder um die letzte Nacht?

Dieses Grundmisstrauen kann dazu führen, dass der Mann entweder ständig stört – oder er lauscht! Beides führt in der Regel zu Verstimmungen. („So also redest du über mich!“)

Deswegen: Lassen Sie's erst gar nicht drauf ankommen. Passen Sie die nächste Fußballübertragung für ihr Megatelefonat ab. Vorsicht ist die Mutter der Porzellankiste!

Die Liebe zum Telefon hält sich beim Mann aber auch ohne diese paranoiden Züge in Grenzen. Hier sind die drei schlagenden Argumente gegen das lange Telefonat an sich.

Erstens: Wie kann man *überhaupt* so lange telefonieren? Ein Telefon dient doch dazu, Informationen im engeren Sinne zu übermitteln. Informationen wie Ortsbestimmung („Ich bin grad bei Obi.") und Ankunftszeiten („Ich komme um 18.12 Uhr.")

Zweitens: Was ist schon *so* wichtig – außer Ortsbestimmung, Ankunftszeiten und eventuell noch Wasserrohrbrüchen oder Todesfällen, dass man es *am Telefon* erzählen müsste?

Und drittens: Da *ist* doch keiner. Jedenfalls keiner, den man sehen oder anfassen könnte. Kann man mit einem Apparat reden? Eben. Und so richtig inspiriert ist man auch nicht, denn Telefone haben weder lange Haare noch Beine, noch sonst irgendwas Nettes.

Merke:

Männer telefonieren nicht gerne und wenn, dann nur kurz. Sobald ihre Hand den Hörer umschließt, schaltet das Sprachzentrum offenbar automatisch um auf den „restricted code".

Wenn nun ein Mann mit einem Mann „telefoniert", gibt das in der Regel keinen Ärger, denn beide kennen sich aus im „restricted code". Und – mal ehrlich – wir Frauen müssen fair bleiben. Wenn Männer telefonieren, machen sie *keine* Unterschiede. Ob das nun der beste

Freund ist, ein Geschäftspartner oder eine/die Frau – das Durchschnittsgespräch eines Mannes ist in der Regel in 2,5 Minuten beendet (Ich rechne hier nur die Sprechzeit des Mannes!) und hört sich etwa so an:

Er telefoniert mit Ihm:

„Ja, hallo? ... Ach, du bist's ... Ja ... Ja ... Aha ... Hmhm ... äha ... Ja ... Ist okay ... 14 Uhr? Ja – ich mich auch ... Ja ... gut ... Bis dann ... ähä ... Mach's gut."

Er telefoniert mit Ihr:

„Ja, hallo? ... Ach, du bist's ... ja ... Ja ... Aha ... Hmhm ... ja ... nee, hier regnet's ... Hmhm ... Nichts besonderes ... ja ... okay ... Nee – was soll denn sein? ... *Es ist nichts!* ... Ja – ich dich auch ... Ja ... gut ... bis dann ... ähä ... Mach's auch gut."

1-2-3-Soundcheck!

Und nun lesen Sie die beiden Telefonate noch mal laut, und beachten Sie dabei die Aussprache des Wortes „Ja", die sofort auf den unverkennbar männlichen Telefon-Sound einstimmt. Man spricht es nicht wie das „jaaa" in „Jagd", sondern eher wie das „ja" in „japp" und lässt dabei die letzten beiden „p" einfach wegfallen. Das verleiht dem ganzen diesen erfrischend bündigen Style, der für uns weibliche Telekom-Kunden leider nur von begrenztem Charme ist.

Millionen von Frauen haben sich nach solchen Kurz-und-bündig-Telefonaten schon verstört gefragt, was los ist.

Was ist los?, haben sie leise ins Kissen geheult. Hab ich was Falsches gesagt? Ist was? Liebt er mich nicht mehr? O Gott! Bin ich etwa ... zu dick?!

Okay, ich gebe zu, es ist fast nicht zu glauben, dass dieser wortkarge Alien aus dem Orbit der eloquente, unterhaltsame, witzige Mann sein soll, mit dem Sie noch neulich so nett auf dem Sofa gescherzt haben. Aber ich kann Sie beruhigen: Er *ist* es. Er – und nicht etwa sein schneckengleicher Zwilling, den er Ihnen bisher erfolgreich unterschlagen hat. Und Sie sind *nicht* zu dick. Und es ist nichts los. Gar nichts. Punkt.

No interpretation, please!

Was kann man machen?

Tja ... also, ich fürchte, am Telefon ist nicht viel zu holen. Wenn Sie sich nicht eines von jenen männlichen Exemplaren mit hohem weiblichen Anteil geangelt haben, die sowieso liebend gern und ausführlich telefonieren, müssen Sie sich wohl mit den verbleibenden zehn Prozent der sprachlichen Möglichkeiten Ihres Herzensschatzes begnügen, wenn sich ein Telefon zwischen sie beide stellt. Erzählen Sie, was Sie erzählen möchten, stellen Sie gezielte Fragen, auf die ein Mann antworten kann, ohne sich emotional entblößen zu müssen, interpretieren Sie Gesprächspausen, die länger als 15 Sekunden dauern, bitte *nicht* zu Ihren Ungunsten, und auch wenn Sie meinen, einen Sedierten am anderen Ende der Leitung zu haben, den Sie gerne irgendwie wachrütteln würden – entspannen Sie sich: Es ist nur ein Mann am Telefon. Er wurde schon so geboren.

Hey, nicht verzweifeln!

Es gibt auch Ausnahmen! Unter besonderen Umständen können nämlich auch Männer telefonieren. Und ich meine *telefonieren*. Im Zustand höchster Erregung – und nur dann! – können Männer sogar mit dem kalten Metallknochen am Ohr gut Freund werden.

Entweder sie haben im Job oder mit dem Vermieter einen Riesenärger – dann machen sie ihrem Herzen richtig Luft und sprengen die 2,5-Minuten-Marke lokker um ein Hundertfaches.

Oder sie sind total verliebt. In den ersten vier Wochen der Verliebtheit kann jeder Mann stundenlang am Telefon scherzen, lachen, säuseln, flüstern, fragen und äußerst anregend aus seinem Leben erzählen – das garantiere ich. Und wenn er dann schweigt, ist es durchaus kein Schweigen, das signalisiert, man möge doch nun *bittebitte* das Telefonat beenden ... o nein! Die längsten und schönsten Telefonate meines Lebens habe ich mit einem Mann geführt. Das lässt doch hoffen, oder?

Und die goldene Banane ...

... gibt es für den Mann, der uns einfach mal nur so anruft und sagt: „Mein Schätzchen, ich denke gerade an dich. Wär schön, wenn du jetzt hier wärst ..." Mal ehrlich, meine Herren – so viel schwieriger als „Du, ich steh hier an der Ampel. Jetzt wird's grün!" ist das doch auch nicht.

„Schatz – es ist alles anders, als du denkst!“
Männer im Dickicht der Lüge

Der Klassiker:

ER hat eben angerufen. Leider klappt's dieses Wochenende nicht.

„Dieser neue Kunde will schon wieder Änderungen am Layout. Da muss ich jetzt sofort ran. Nichts zu machen, Schatz. Ich liebe dich!“

„Ich dich auch.“

Enttäuscht hat SIE den Hörer aufgelegt. Dann hat sie seufzend die Steaks aus dem Kühlschrank genommen und in die Tiefkühltruhe geworfen. Manchmal ist so eine Fernbeziehung nicht einfach. Aber es soll ja nicht für immer sein. Sollte! Immerhin kennen sie sich jetzt auch schon fünf Jahre. Und Überraschungen wie diese gab's schon oft. Nachdenklich blickt sie auf den alten Smaragdring, den er ihr zum letzten Weihnachtsfest geschenkt hat. Geschmack hat er ja. Sie lächelt. Und dann fällt ihr wieder ein, dass sie an Silvester allein bei ihren Freunden gesessen hat. Da hat er auch im letzten Moment abgesagt. Irgend so eine dringende Terminsache. („Ja – meinst du, ich find das toll, an Silvester am Schreibtisch zu sitzen und zu arbeiten? Mach da jetzt bitte kein Drama draus!“)

Gut, sie versteht ja, dass man als selbstständiger Graphiker seine Arbeitszeiten nicht so planen kann wie ein Schalterbeamter. Trotzdem war's ein Scheißgefühl, zwischen all den Paaren allein zu sitzen. Zum Skilaufen ist er nicht nachgekommen, weil er sich erkältet hatte. („Du, mir geht's echt schlecht. Wir haben hier aber auch ein Sauwetter in Hamburg, kein Wunder!“) Und als sie ihn an seinem Geburtstag in schwarzer Unterwäsche begrüßte, hat er sofort gesagt: „Mann, hab ich einen Hunger – sollen wir was Essen gehen?“

Na ja, diese Fahrerei zwischen Hamburg und Düsseldorf ist natürlich auch anstrengend. Den „rasenden Roland“ hat sie ihn im Scherz getauft. Und dann noch der ganze Stress im Job. Sie weiß: „Es geht um die Existenz!“ Männer arbeiten immer hart. Frauen arbeiten leicht.

Trotzdem fragt sie sich manchmal, ob das eigentlich noch eine Beziehung ist, wenn jemand Freitagabend anruft und sagt, dass er erst Samstag früh kommt, weil alles länger gedauert hat, als er dachte, und dann Sonntag früh ab 11 schon wieder auf die Uhr schielt, weil er am Montag eine wichtige Besprechung hat, die er noch vorbereiten muss.

Sie hat auch angeboten, dass sie ja mal hochfahren kann – schließlich ist in seiner 100-Quadratmeter-Designer-Wohnung genug Platz –, aber er hat schon recht: Was soll sie da, wenn er doch nur arbeiten muss, das setzt ihn nur unter Druck, und dann ist er „ja auch gar nicht so richtig eingerichtet auf Frauenbesuch" in seinem Junggesellen-Loft.

Drei Tage später ist sie geschäftlich in München und trifft in einem Café zufällig einen ehemaligen Kollegen von Roland, den sie mindestens drei Jahre schon nicht mehr gesehen hat. Man kommt ins Gespräch, und nach einer Weile fragt er sie: „Sag mal, hast du eigentlich noch Kontakt zu Roland?"

Kontakt zu Roland? Wie meint er das?

„Äh ... ja ... klar!", entgegnet sie irritiert. „Wir sehen uns am Wochenende."

„Ach ... dann bestell ihm doch schon mal einen schönen Gruß von mir. Ich hab's immer noch nicht geschafft zu gratulieren, aber das Töchterchen ist wirklich süß! Und die Karte so schön gestaltet! Na – was ein echter Graphiker ist ..."

Tja, liebe Freundinnen! Unglaublich, aber wahr!

Wie weit kann ein Kiefer runterklappen? Wie blind kann man sein? Wie sehr kann die Wirklichkeit das Klischee noch toppen?

Die Lügen der Männer. Die Sonne, die es an den Tag bringt. Man möchte gar nicht wissen, wie viele Frauen durch einen dummen Zufall schon herausgefunden haben, dass der Mann ihres Herzens, der Mann, der ihnen immer wieder beteuert hat, *wie wichtig* sie ihm sind, sie nach Strich und Faden belogen und betrogen hat. Und zwar die ganze Zeit!

Das allein wäre ja schon schlimm genug, aber jetzt kommt der wirkliche Hammer: Männer lügen noch, wenn sie schon überführt sind.

Was, meinen Sie, hat der „rasende Roland" gesagt, als er mit den Entdeckungen seiner Freundin konfrontiert wurde? „Es tut mir leid. Ich bin ein Schwein"? Aber mitnichten, mitnichten!

In einem solchem Fall sagt der Mann ganz klassisch: „Schatz – es ist alles anders, als du denkst!"

Ja, in der Tat war alles offenbar anders, als wir es gedacht haben!

Doch beim Mann ist dieser Satz die Einleitung für abstruseste „Erklärungen", die nun folgen und die stets eines gemeinsam haben:

Der Mann war es gar nicht! Nie! Er ist das Opfer von Umständen geworden. Kleine Kostprobe gefällig?

„Glaub mir, du bist mein ein und alles. Die andere Frau ... also, ehrlich ... ich kenne sie kaum. Ich war an dem Abend so komisch drauf, so allein ... ich hatte was getrunken ... und du warst so weit weg. Tja, und dann ... ist es irgendwie passiert ... ich wollte sie gar nicht mehr sehen ... aber dann ... war sie plötzlich schwanger. Und sie wollte das Kind unbedingt behalten. Was sollte ich da machen? Ich meine ... ich wollte dir auf keinen Fall weh tun ... Wirklich ... Ich will dich nicht verlieren ..."

Ich meine, da lebt jemand vergnügt mit einer anderen Frau in einem kompletten Paralleluniversum – und dann will er noch Mitleid und Verständnis erheischen?! Weil er ja sozusagen nur aus Liebe zu Ihnen sein schweres, bedrückendes Geheimnis allein mit sich rumgetragen hat. Einfach heldenhaft!

Ein Mann, der lügt, lügt ja nicht *wirklich*! Das ist ja gerade der Spaß an der Freud! Ich weiß, das klingt jetzt paradox, aber das männliche Universum ist voller Paradoxien.

In Wirklichkeit ist ein Mann, der „lügt", nur rücksichtsvoll, menschenfreundlich, diplomatisch und sehr, sehr tapfer ... Und eigentlich hat er mindestens den Friedensnobelpreis verdient.

Wie sonst lässt es sich erklären, dass Männer noch lügen, wenn man ihnen das Beweisstück schon unter die Nase hält:

„Seit wann benutzt du denn Shampoo für dauergewelltes Haar?"

„Dauergewelltes Haar? Zeig mal her ... Also, das war mir jetzt gar nicht aufgefallen ... Ich hab da einfach was aus dem Regal gegriffen. Meine Güte, es ist echt schlimm mit deiner Eifersucht! Wirklich, was du dir immer einbildest!"

Einfach umwerfend ist auch die Reaktion, wenn das Beweisstück direkt neben dem Täter im Bett liegt, weil man leider zu früh zurückgekommen ist. Selbst in flagranti, auf frischer Tat ertappt, entblödet sich ein Mann nicht aufzuspringen, sich die Bettdecke umzuschlingen, den Eindringling (Sie!) in einer Mischung aus Ich-kann-nichts-dafür! und Wieso-bist-du-eigentlich-schon-hier? anzustarren und zu stammeln:

„Ich kann das alles erklären!"

Da sind wir jetzt aber alle sehr gespannt. Zeit für die Märchenstunde! So etwas bringt nur ein Mann.

Man kann ja sagen, was man will, aber Frauen wissen wenigstens, wann eine Situation nicht mehr zu retten ist. Ich meine, die sagen im umgekehrten Fall wenigstens noch: „O Gott!" oder „O Gott, es tut mir leid!" Oder sie halten einfach ihre Klappe, weil sie wissen, dass Reden es in diesem Fall auch nicht besser macht. Okay, wenn die Beziehung eh schon im Eimer war, sagen sie vielleicht „Das ist übrigens Heinz." Aber ich kenne keine Frau, die stante pede alles erklären will. Alles erklären!!! Das muss man sich mal auf der Zunge zergehen lassen. Ich meine, was denken sich die Männer, wenn sie so etwas sagen? „Sieh mir in die Augen, Kleines – ich erkläre dir alles?“ Ja, halten die uns für bescheuert, oder was? Jahrelang schweigen sie einen an, und dann wollen sie plötzlich alles erklären?

Für Frauen gibt's da nichts zu erklären – schließlich hat man doch Augen im Kopf! Aber der Trick an der Sache ist ja der: Alles erklären heißt, alles nicht Schuld sein.

Wissen Sie nicht mehr – *Love means never having to say you're sorry.*

Ach drum!

Auch ein schöner Satz, wenn Männer auffliegen, ist: „Das hat doch nichts mit dir zu tun!“ Nö – ist klar! Das hat nichts mit mir zu tun, wenn er mit einer anderen im Bett liegt. Wahrscheinlich hat es was mit dem Vollmond zu tun. Oder mit der ewigen Potenz. Oder damit, dass ein Mann nicht vernetzt denken kann. Wenn er das eine macht, macht er das eine. Und wenn er das andere macht, macht er das andere. Er ist entweder *der eine* oder *der andere*! Und kann das prima trennen. Alles klar soweit?

Auf diese Weise macht sogar der beliebte Männersatz „Bei ihr kann ich ein anderer sein!“ irgendwie Sinn.

Manche Leute finden es unglaublich, wie Frauen den Spagat zwischen Haushalt, Job und Familie schaffen. Ohne dass das im übrigen groß bemerkt wird. Viel unglaublicher ist es aber doch, wie Männer den Spagat zwischen zwei kompletten Leben über Jahre hinweg schaffen. Ohne dass das im übrigen überhaupt bemerkt wird.

Selbst Männer, die im öffentlichen Leben stehen, kriegen das hin!

Denken Sie an Charles Lindbergh, der den „rasenden Roland" noch um Längen schlägt! Der fesche Atlantik-Überquerer hatte in Amerika eine Frau mit fünf Kindern. Die sammelte Muscheln am Strand. Charles hatte sich derweil in Deutschland eine Geliebte mit zwei Kindern angelacht. Und damit sind wir noch lange nicht am Ende der Fahnenstange! Mit der Schwester seiner Geliebten hatte Charles (Ich nenne ihn jetzt einfach mal Charles, er kommt mir so vertraut vor) weitere zwei Kinder. Und mit der Freundin der Schwester der Geliebten weitere ein bis zwei Kinder. Und keiner hat's gewusst! Also – *das* nenne ich perfekte Tarnung! Ich nehme an, die ganze Fliegerei war nur Mittel zum Zweck. Und ob Männer mit „doppelter Haushaltsführung" nun einen Flugschein haben oder nicht – was sie manchmal an beiden Fronten leisten, lässt jeden Geheimagenten wie einen müden Opi aussehen!

Okay, manche Männer haben Pech. Die kriegen ihren wohlverdienten Herzinfarkt bei unpassender Gelegenheit. Und dann fliegt spätestens bei der Beerdigung alles auf, wenn plötzlich zwei (also – *mindestens* zwei!) schluchzende Witwen am Grab trauern, die sich auf diese Weise endlich auch mal kennenlernen.

Andererseits kann man sagen, dass so ein Mann dann auch wieder Glück hatte. Zwar konnte er nicht alles erklären (was schade ist!), aber immerhin ist er schon tot und liegt sicher im Sarg, wo keine erbosten Frauen mehr über ihn herfallen können.

Der kleine Männererkenner sagt ...

Warum Männer lügen, ist einfach zu erklären. Sie lernen schon früh, dass Lügen das Leben einfacher und bequemer machen. Abgesehen davon, dass sie es natürlich nicht „lügen" nennen würden. Es ist einfach ein anderer Blick auf die Welt.

Frei nach dem Motto „Die richtige Lüge zur rechten Zeit, erspart Geschrei und Herzeleid" tastet sich der Mann durch das Dickicht der Gefühle.

Das geht vom falschen Kompliment über harmlose Schwindeleien bis hin zur Zweitfamilie im Anderswo.

Nicht umsonst ist der Frauenklassiker „Ich weiß

alles!“ der schlimmste Satz für einen Mann. Er fühlt sich sofort ertappt, weil er eigentlich ständig in der Lüge lebt – sei sie nun klein und harmlos oder groß und gravierend. Männer haben immer irgendwelche Geheimnisse. Und ich glaube, dass dies auch der wahre Grund für ihre viel zitierte Schweigsamkeit ist. Sie haben schlicht und ergreifend Angst, sich zu verplappern. Welcher Mann ist schon so genial, dass er den Überblick über seine gesammelten Lügen behält? (Hey – das fällt schon uns Frauen schwer!) Da sagt man lieber nix – und damit auch nix Falsches.

Bei Vorwürfen, die offensichtlich noch jeder Grundlage entbehren, hüllt man sich erst mal in Schweigen und hofft, dass der Kelch an einem vorüberzieht.

Auch wenn es zu Auseinandersetzungen kommt, sind Männer sehr viel, na, nennen wir es diplomatischer als Frauen. Frauen streiten in der Regel angstfrei und sind sehr viel direkter. Manchmal können sie geradezu taktlos sein. Das sind Männer eigentlich nie! Wenn es unangenehm wird, lassen sie die Rolladen runter und sagen: „Ich hab jetzt keine Lust, das zu diskutieren.“ Für Frauen gibt es kein Verschieben von Problemen. Es soll so lange gestritten werden, bis man fertig ist. Wenn Frauen ihrem Herzen Luft gemacht haben, sagen sie abschließend manchmal: „Aber ich bin wenigstens ehrlich!“ Und mal ehrlich – haben sie einen solchen Satz jemals von einem Mann gehört?

Abgesehen davon, dass es die Lüge gibt, die die Wahrheit verschweigt, gibt es natürlich auch noch die Lüge, die die Wahrheit beschönigt. Und damit wären wir beim Mann im diplomatischen Dienst und der Frage: Warum machen Männer Komplimente, die sie gar nicht so meinen?

In erster Linie, um Ärger und unnötige Verschwendung von Energien zu vermeiden. Männer haben schnell begriffen, dass man bei der eigenen Frau mit kleinen Standardfloskeln wie „Schön, schön“ oder „Sieht ja toll aus“ oder „Schmeckt ja toll“ prima durch den Tag kommt, und wenn man Glück hat, braucht man nicht mal den Blick zu heben.

Wenn allerdings Menschen (Frauen!) ins Spiel kommen, die nicht direkt zu ihrem Umfeld gehören (Verkäuferinnen, Kellnerinnen, Freundinnen von uns), starten Männer sofort ihre Charme-Offensive. Dann stellt sich ihr Hahnenkämmchen auf, und es wird gebalzt, was das Zeug hält. Selbst die größten Redemuffel können plötzlich witzig und charmant sein. Und sie machen Komplimente. Egal, ob's passt, oder nicht!

Und wir Frauen staunen dann nur und fragen uns, was dahintersteckt.

Zunächst einmal die gute Nachricht: Es hat nichts mit Ihnen zu tun! Nein, wirklich – ich mache jetzt keine Witze!

Wenn Ihr Freund demnächst wieder an der Supermarktkasse mit dieser rothaarigen Schnepfe mit den angeklebten Fingernägeln scherzt, müssen Sie sich sagen, dass es reine Gefallsucht ist, die ihn dazu treibt. Die Gefallsucht der Männer ist grenzenlos. Und grenzenlos sind ihre Schmeicheleien. Jedenfalls in der freien Wildbahn. Anderen Frauen gefallen wollen ist ein Reflex, der zur Höchstleistung antreibt. Und das Lachen oder Lächeln einer Frau ist die schönste Bestätigung für das männliche Ego.

1-2-3–Süßholzgeraspel

Ihre Freundin Gaby war beim Friseur und kommt am Nachmittag vorbei. Schon durchs Küchenfenster sehen Sie, dass die neue Frisur grauenvoll ist. Viel zu rot, viel zu kurz. Die Ärmste! Doch dann macht Ihr Freund die Tür auf, und zu Ihrem Erstaunen hören Sie aus dem Flur folgenden Singsang:

„Ach, die Gaby! Ja, komm doch rein. Darf ich dir den Mantel abnehmen. Lass mich das doch machen! Mensch – *gut* schaust du aus! Und eine neue Frisur! Die Haare ganz kurz. Fesch, fesch! Und diese neue Farbe. *Wow!*"

Das war die Charme-Offensive! Bei Gaby verfehlt sie nicht ihre Wirkung. Es herrscht ein Gekicher und Gelache im Flur, dass es eine wahre Freude ist!

Kaum hat Gaby mit der Schreckensfrisur das Haus verlassen, knallt sich Ihr Schatz erschöpft aufs Sofa. Und bevor er für den Rest des Abend hinter der Zeitung verschwindet, ruft er noch: „Meine Güte – was haben die der Gaby denn für ein Köpfchen geschnitten – das sieht ja *furchtbar* aus!"

Was kann man machen?

Zunächst die schlechte Nachricht:

Männer, die nicht lügen, gibt es nicht. Klar sprechen wir vom „ehrlichen Kerl". Aber das bezieht sich eher darauf, ob er es mit *uns* ehrlich meint, also, ob er *ernsthaft* an uns interessiert ist oder ob die Ansagen in der Anfangseuphorie mal wieder größer waren als der Verstand. Und allein die Tatsache, dass man sich eigentlich nur bei Männern fragt: „Meint der's auch ehrlich?", lässt ja schon tief blicken.

Und nun die gute Nachricht:

Meint ein Mann das, was er sagt? Manchmal ja. Wenn

ein Mann, nachdem er mit Ihnen geschlafen hat, immer noch zu Ihnen sagt, dass er sie liebt, dann könnte das stimmen. Behalten Sie aber trotzdem im Auge, was er *tut*. Männer erkennt man immer nur an ihren Taten!

Andererseits dürfen wir eins nicht vergessen: Es sind in der Regel nicht niedere Motive, die den Mann zur Lüge treiben. In vielen Fällen *trauen* sich Männer einfach nicht, zu sagen, was sie wirklich meinen. Die Angst, die Wahrheit auszusprechen, ist einfach zu groß. Man könnte sich dadurch etwas verscherzen. Man könnte für alle Zeiten erledigt sein und abgeschrieben. Man könnte einen Riesenärger bekommen. Man könnte alles verlieren: *Sie*, zum Beispiel!

Und so muss das, was Männer wirklich meinen, ihr Geheimnis bleiben.

Vielleicht ist das ganz gut so. Auch für uns. Denn mal ehrlich – will man wirklich immer die ungeschminkte Wahrheit? Will man wirklich immer die harte Realität? „Realität, wer will schon Realität?!", hat neulich ein sehr netter Mann zu mir gesagt. Und hat er nicht irgendwo recht? Manchmal ist es doch auch ganz schön, zu fliegen und zu träumen, Dinge besser zu sehen, als sie eigentlich sind, und den harten Boden der Tatsachen unter sich zu lassen. Das sind doch die Farbkleckse, die das Leben leichter und bunter machen!

Und wenn Männer auf die Frage: „Findest du mich

zu dick?", nicht genervt die Augen verdrehen, sondern zum hundertsten Mal geduldig sagen: „Nein, überhaupt nicht, mein Schatz. Ich find dich schön so, wie du bist!", ist das doch eigentlich ziemlich süß!

Zum Abschluss soll Ihnen folgendes Glossar eine kleine Übersetzungshilfe sein. Natürlich nur für den Notfall ...

Was Männer sagen und was sie meinen ...

▸▸ So habe ich das nie gesagt!	Scheiße, ich dachte, du hättest es vergessen!
▸▸ Das bildest du dir alles ein!	Ich glaube, sie hat noch keine Beweise!
▸▸ Du und deine Eifersucht!	Wie hat sie das nur rausgekriegt?
▸▸ Die kenne ich nur flüchtig.	Die war nicht schlecht im Bett.
▸▸ Ich kann das alles erklären!	Ich muss Zeit gewinnen, sie schreit gleich!
▸▸ Schatz, es ist alles anders als du denkst!	Jetzt nur die Ruhe bewahren!
▸▸ Das hat doch nichts mit dir zu tun!	Ich hab doch auch mit dir geschlafen.
▸▸ Du nimmst das viel zu persönlich.	Woanders ist Vielweiberei erlaubt.

▸▸ Bei ihr kann ich ein anderer sein.	Ich geh fremd und du bist schuld.
▸▸ Ich will dich nicht verlieren.	Ich ersticke in Müll und Wäschebergen.
▸▸ Lass uns das morgen diskutieren!	Mir fällt jetzt keine gute Ausrede ein.
▸▸ Heute wird´s später, Schatz!	Heute wird's schön, Schatz! Heia Safari!
▸▸ Ich hab dir Blumen mitgebracht.	Danke, dass du nichts gemerkt hast.
▸▸ Ach, ich hab irgendwie gar keinen Hunger.	Seufz, ich habe mich verliebt!
▸▸ Irgendwie kann ich gar nichts essen.	Seeeeehnsucht! Wann sehe ich sie?
▸▸ Fahr mal allein weg, das tut dir gut!	Ich brauch hier sturmfreie Bude!
▸▸ Ich brauch mal ne Auszeit.	Ich will mit ihr ins Liebesnest!

▸▸ Ich muss mal in mich gehen.	Ich muss mal in sie gehen!
▸▸ Ich geh zum Schweigeseminar.	Keiner wird uns beim Vögeln stören!
▸▸ So geht´s nicht mehr weiter!	Neue Frau – neues Glück!

Am Telefon:

▸▸ Du, ich stecke hier im Stau fest!	Hihi. Ich stecke ganz woanders fest.
▸▸ Nein, ich schaff´s heute nicht mehr.	Ich bin hier sehr gut versorgt.
▸▸ Hab was zu lesen mit.	Grau ist alle Theorie, blond, was neben mir liegt.
▸▸ Mann, war das ein anstregender Tag!	Mann, war das ein toller Fick!

Im Bett:

▸▸ Ich liebe dich!	vorher: Ich will mit dir schlafen!
▸▸ Ich liebe dich!	nachher: Das war toll! Ich glaube, ich liebe dich wirklich!
▸▸ Lass uns jetzt schlafen!	Bitte hänge nicht wie eine Klette an mir!
▸▸ Mir ist heiss!	Ich brauch Platz!
▸▸ Schlaf schön!	Ich möchte jetzt wirklich schlafen, hör auf damit!

„Aber ... ich habe doch schon einen Pullover!“
Männer, Mode und Schlimmeres

Der Klassiker:

SIE und ER sind abends eingeladen. Sie ist schon seit Stunden im Bad, er liest Zeitung auf dem Sofa. „Machst du dich dann auch fertig?“, ruft sie zwischendurch aus dem Bad. „Ja, ja“, antwortet er. Schließlich legt er seufzend die Zeitung weg und macht sich auf den Weg zum Kleiderschrank. Er greift nach einer Hose und einem Hemd. Ein Blick aus dem Fenster – Sommer, dann braucht man also keinen Pulli.

„Was is'n das heut Abend? Muss ich da ne Krawatte anziehen?“

„Geburtstag von Annette. Meine Güte, das hab ich doch nun schon fünfmal gesagt!“

„Ach ja.“ (Annette ... wer? Na, egal, dann keine Krawatte.)

Sie kommt im kleinen Schwarzen aus dem Bad gerauscht – und erstarrt. Er hat es doch tatsächlich geschafft, die schöne braune Leinenhose, die sie ihm neulich noch gekauft hat, mit diesem dicken blauen Freizeit-Flanellhemd zu verunstalten. Einfach reingestopft, und dann noch den schwarzen Gürtel vom Anzug drüber. Es ist nicht zu fassen!

„O Gott“, keucht sie. „Du willst doch wohl nicht dieses Hemd anziehen?!“ (Schade, letzten Dienstag war Altkleidersammlung ...)

„Wieso, das ist doch völlig in Ordnung.“ (Was hat sie nur?)

„Ja ... aber doch nicht mit *dieser* Hose.“ (Ist der blind – oder was?)

„Was ist denn jetzt wieder mit der Hose?“ (Meine Güte, was will diese Frau?)

„Die Hose ist beraun! Und das Hemd ist belau!“ (Na Klasse, mal wieder blau und braun!)

„Ja ... und?“ (Okay – jetzt ist sie total durchgedreht.)

„Wie kann man ein kariertes blaues Flanellhemd zu einer braunen Leinenhose tragen?! Siehst du denn nicht, dass das nicht passt?!“ (Zu meinem Kleid schon gar nicht!)

Er tritt vor den Spiegel. Also, er findet, es passt. Alles okay soweit.

„Ich find's gut so“, meint er störrisch. „Ist eben eher leger ...“

„Legerleger!“ Langsam wird sie wahnsinnig. „Warum

muss ich mit einem Mann zusammen sein, der blau und braun kombiniert?", heult sie in den Kleiderschrank und rüttelt die Bügel durch, dass es nur so scheppert. „Hier – zieh das an!" (Schlimmer als ein Kleinkind!)

„Was soll'n der Quatsch? Ich lass das jetzt an und damit basta! (Schlimmer als meine Mutter! Ich lass mich doch nicht rumkommandieren!)

„Dann mach doch, was du willst!" (Das wirst du mir noch büßen!)

„Tu ich auch!" (Ätsch, du blöde Kuh!)

„Aber dann frag mich auch nicht mehr!" (Ich rede nicht mehr mit dir. Ich koche nichts mehr für dich. Und deine Hemden kannst du dir in Zukunft auch selbst bügeln!)

Wir wissen natürlich nicht, ob der Herr vor dem Kleiderschrank am Ende doch noch auf sein gemütliches Hemd verzichtet hat oder ob er beratungsresistent geblieben ist. Eines jedoch wissen wir sehr wohl: Männer und Klamotten – das Drama ist perfekt!

Na klar kann nicht jeder Mann ein Lagerfeld sein. Das wollen wir ja auch gar nicht. Aber ein bisschen mehr ... Geschmack? ... Farbensinn? ... Kombinatorisches Geschick? Ist das denn wirklich zu viel verlangt?

Ich meine, wenn man sieht, wie sonderbar manche Männer durch die Gegend laufen, da kann man sich als

Frau doch nur noch damit trösten, dass es – letztlich – auf die inneren Werte ankommt.

Aber mal ehrlich: Kann ein Mensch – letztlich – so viele innere Werte haben?

Immerhin muss man den Männern lassen, dass sie sich längst nicht so dem modischen Diktat unterwerfen wie wir Frauen. Man könnte es direkt als einen Akt der Zivilcourage verstehen, wenn sie völlig ungebrochen jahrelang ihre Steinzeit-Tweed-Jackets ausführen, wüsste man nicht, dass pure Bequemlichkeit dahinter steckt.

Im Gegensatz zu Frauen lügen Männer jedenfalls nicht, wenn sie behaupten, dass ein Kleidungsstück uralt ist. „Die Jacke hab ich schon länger."

Wenn Frauen so was sagen, meinen sie in der Regel: „Die Jacke hab ich seit gestern, aber das brauchst du nicht zu wissen."

Bei Männern bedeutet dieser Satz: „Ich hab die Jacke jetzt schon so lange, da wird sie es auch die nächsten hundert Jahre noch tun."

Gut – bevor ich jetzt mit Steinen beworfen werde, *falls* das hier ein Mann liest (aber Männer lesen in der Regel Zeitung, also sind wir wahrscheinlich ganz unter uns), also nur *falls* – gebe ich zu, dass es immer wieder Männer mit Geschmack gegeben hat. Zum Beispiel Oscar Wilde, um einige zu nennen. Und dann ... Paris, Mailand, Rom – die Welt ist voll von Männern, die Mode machen. Dazu können wir dann noch die Jungs zählen, die tonnenweise überteuerte Pumatreter im Schrank horten und jeden Tag eine neue Designeruhr am Handgelenk schwenken. Das sind übrigens auch dieselben coolen Typen, die Extrem-Bergsteigen im Himalaya-Gebirge betreiben und im Winter mit kurzärmeligen T-Shirts und dunklen Ray-bans in die Auktionshäuser rennen, um holzgeschnitzte Opiumbetten zu ersteigern. Und dann gibt's da noch die neuen Angepassten, die meinen gelernt zu haben, dass man auf Gartenfesten sein Lacoste-Hemd inzwischen *über* der Hose trägt, weil das einfach superlässig ist.

Na ja – und wenn wir das alles zusammenrechnen, kommen wir hochgeschätzt auf die zwanzig Prozent, wo man als Frau erfreut sagt: Okay – das ist passabel. Oder sogar: Der hat einen echt guten Geschmack.

Doch was ist mit dem Rest? Was ist mit jenen achtzig Prozent, die völlig stil- und orientierungslos durch die Welt der Stoffe und Farben irren und immer noch nicht begriffen haben, dass man Sandalen bitte ohne Socken trägt und dass man auch aus der dehnbarsten Socke keinen Kniestrumpf machen kann und wenn man sie noch so hochzieht. Was ist mit jenen Avantgardisten im Selbstversuch, die unter dem Motto „Nichts ist unmöglich" Kombinationen hinlegen, dass wir Frauen davon Kopfschmerzen kriegen? Was ist mit den Minimalisten, die die Plastiktüte (und ich meine nicht Plastik von Prada, Gucci und Louis Vuitton, sondern von Aldi, Rewe und Lidl) für sich als ultimatives Accessoire entdeckt haben, mit dem man praktisch alles transportieren kann (außer Lebensmitteln, natürlich)?

Ich will es Ihnen verraten:

Entweder sind diese Männer ohne Frau. Dann tragen sie die Klamotten, die ihnen ihre letzte Freundin (wahlweise Mutter) irgendwann mal aufgenötigt hat, bis zum bitteren Ende. Oder sie müssen irgendwann selbst kaufen. Pech gehabt!

1-2-3-meins! Männer, die alleine kaufen

Um den Einkaufshorror möglichst klein zu halten, haben Männer, die alleine kaufen, Überlebensstrategien beim Shoppen entwickelt. Glauben Sie mir, kein Mann geht in die Stadt mit dem fröhlichen Gedanken „Mal gucken, was es Schönes gibt!" Da draußen ist der Dschungel, und der Mann hat sein Ziel klar vor Augen: zwei Hosen, zwei Oberhemden, ein Anzug, zwei Krawatten. Da gibt's kein Einkaufen nach dem Lustprinzip. Seiner Lust frönt der Mann – je nach Ausrichtung – im Baumarkt, im Pfeifenladen, im Antiquariat oder bei Saturn. Da ist er inspiriert. Da kann er in Ruhe stöbern, ohne belästigt zu werden. Und er muss auch nichts anprobieren.

Auch der Zeitpunkt für den Großkampftag ist strategisch geplant. Da wird nichts dem Zufall oder gar dem Wetter überlassen. Alleinkaufende Männer sind Gewohnheitstäter und treue Kunden. Wenn sie einmal einen Herrenausstatter (wahlweise Friseur) gefunden haben, fahren sie dafür meilenweit. Während Frauen durchaus zweimal pro Woche ins Städtchen gehen können, ohne etwas Nennenswertes zu kaufen, geht ein Mann zweimal pro Jahr und hat dann alles, was er braucht. Effizienz ist das Zauberwort! Oder ist Ihnen noch nie aufgefallen, wie nervös Männer werden, wenn sie mit ansehen müssen, wie Frauen diese und jene Klamotte befingern, anziehen, ausziehen, noch mal anziehen ... und dann schließlich den Laden verlassen – mit *nichts*!

Und doch – was nützt die größte Effizienz, die beste Planung, wenn man eigentlich nicht begreift, wie's geht? Wir Frauen wissen alle, wie schlimm es enden kann, wenn Männer sich ihr „Zeugs" (ja, so nennen sie es!) selbst kaufen.

Bei Anzügen mag das noch gerade gut gehen – da muss man ja auch eigentlich nur die eigene Größe wissen (wenn die nach all den Jahren noch stimmt) und ist ansonsten auf der sicheren Seite. Gefährlicher wird's schon mit der sogenannte Kombination. Das Wort allein impliziert ja eben leider, dass etwas *kombiniert* werden muss. Da sind die meisten Männer schon leicht überfordert. Und der Kreativität sind keine Grenzen gesetzt: Farben, Muster, Gewebearten, plus Hemd plus Krawatte – da gibt's viele wunderbare Möglichkeiten für den modischen GAU! Aber der wirkliche, absolute Overkill ist und bleibt – man sollte es nicht meinen – immer noch die sogenannte Freizeitbekleidung. Da kann man Sachen erleben – *Sachen* –, das glaubt man nicht! Da zeigt sich der wahre Connaisseur – oder eben auch nicht. Es soll Frauen gegeben haben, die an dem Mann ihrer Träume glatt vorbeigelatscht sind, weil sie den smarten Anzugtypen aus der Morgenmaschine nach Hamburg und die jämmerliche Gestalt in der ausgebeulten Cordhose und dem Strickpullunder am Jungfernstieg nicht zusammenbringen konnten.

Freizeit – das muss man können! Männer können es jedenfalls nicht. (Jedenfalls nicht die hier erwähnten achtzig Prozent.) Warum sich verkünsteln, wenn für den Gang an die Tankstelle auch der wetterfeste

Allzweck-Trainingsanzug mit den praktischen Drinnendraußen-Plastik-Schlappen seine Dienste tut?

Das Schweigen der Lämmer

Wenn der Mann Glück hat, hat er eine starke Frau an seiner Seite, die ihn modisch berät und begleitet und das Schlimmste zu verhindern weiß. Aber das sehen wahrscheinlich nur Frauen so. Männer sind sich der großartigen Leistung, die Frauen Jahr für Jahr erbringen, gar nicht bewusst.

„Ich brauche nix", beteuern sie immer wieder und meinen: „Warum soll ich mir in der Stadt die Füße plattlaufen für Sachen, die ich schon im Schrank habe?"

Dem Otto-normal-Mann fällt meistens ja nicht mal auf, dass seine Garderobe allmählich peinlich wird. „Aber – ich hab doch schon einen Pullover", sagt er irritiert, wenn seine Freundin mit ihm in die Stadt will. Mit einem leisem Stöhnen und den Worten „Muss das sein?" (Bitte lass mich auf dem Sofa sitzen.), wahlweise auch „Muss das wirklich heute sein?" (Gibt es kein Entkommen?), lässt er sich von seiner besseren Hälfte in die Herrengeschäfte schleifen. Einmal dort eingetreten, hat man als Frau den Eindruck, man ziehe einen Blinden hinter sich hier. Mit leerem Blick starrt der Mann auf die Kleiderständer, bis ein kompetenter Herr mit der Frage „Kann ich helfen?“ auf ihn zueilt. Der Blinde ist jetzt auch noch stumm geworden.

„Ja“, sagt die Frau dann. „Wir suchen einen Sommeranzug in Größe 52.“

Das muss man sich mal umgekehrt vorstellen! Undenkbar, dass eine Frau mit ihrem Mann eine Boutique betritt und der Mann dann sagt: „Wir suchen.“ *Wir!* (Abgesehen davon, dass die meisten Männer natürlich sowieso nicht mit ihren Frauen in Boutiquen gehen ... Hallo? Ich sagte, die *meisten* Männer!)

Während der Mann nun also mit dem ersten Sommeroutfit in die Umkleidekabine geschickt wird, schließen Frau und Verkäufer hinter seinem Rücken eine Allianz fürs Leben, und man einigt sich gütlich.

„Hier, probier das mal!“, ertönt es in schöner Regelmäßigkeit, wenn der Mann Kopf und Körper aus der Umkleide streckt. Auch der Gang vor den Spiegel bringt den Entmündigten kaum noch ins Spiel. „Der sitzt gut“, sagt der Verkäufer, aber er sagt es zu der Frau, die noch etwas kritisch blickt. Das Opfer steht derweil etwas schafsköpfig in der Gegend herum und nestelt verunsichert an den Knöpfen.

Kaum zu glauben, dass solche Männer in der Lage sein sollen, ein *Land* zu regieren. Wie kann das sein? Wir Frauen stehen vor einem Rätsel.

Der kleine Männererkenner sagt ...

Also – was ist los mit den Männern? Können sie nicht? Wollen sie nicht? Ist es irgendwas mit den Hirnhälften, dass sie rosa sagen, wenn sie orange meinen? Und dass sie überhaupt kein Problem damit haben, Socken in Sandalen zu tragen? Oder ihre behaarten Beine nicht mal mit Kniestrümpfen bedecken können unter der Stoffhose? Und sich mustern, dass man am liebsten sagen würde: „Ich kenne diesen Herrn nicht." Machen sie das, um uns zu ärgern? Ist es in den Genen?

Diesmal bringt uns der Blick in die Tierwelt nicht wirklich weiter. Dort sind die Männchen die Schönen und Geschmückten. Das wirft die Frage auf, ob Männer wirklich das Ergebnis der Evolution sind. Vielleicht wurde diese Spezies ganz einfach von Außerirdischen ausgesetzt, weil sie immer braun mit blau kombinierte? Oder kariert mit gestreift, wer weiß das schon?

Der geschätzte Oscar Wilde hat mal geäußert, er habe einen sehr einfachen Geschmack. Von allem nur das Beste.

Schön gesagt. Aber wenn das mit dem Geschmack so einfach ist, warum klappt das dann nicht bei anderen Männern?

„Warum haben Männer so einen schlechten Geschmack?", habe ich neulich einen der wenigen Männer mit Geschmack gefragt, die ich kenne.

„Männer *haben* gar keinen schlechten Geschmack", hat er nach einem kurzen Moment des Nachdenkens geantwortet. „Sie haben *gar keinen* Geschmack."

Und da durchfuhr mich die Erkenntnis wie ein Stromstoß! Erleuchtung! Das war genial, einfach genial! Der Witz an der Sache ist nämlich der: Es besteht *überhaupt* keine Verbindung zwischen Männern und Geschmack. Oder Männern und Mode. Weder definieren sie sich über ihre Kleidung (ich nehme jetzt mal Fans von Borussia Dortmund und Bayern München aus), noch verbinden sie irgend etwas damit (Schauplätze, Situationen, Vergangenes, Zukünftiges).

Klar – es gibt auch eitle Männer, die sich ab und zu im Spiegel wohlgefällig betrachten. Aber kennen Sie irgendeinen Mann, der sich vor dem ersten Date mit einer Frau neue Unterwäsche kauft? Oder Strümpfe? Kennen Sie irgendeinen Mann, der sich eine zu enge Hose kaufen würde, in der Hoffnung, dass sie ihm irgendwann mal passt?

Eigentlich existiert so etwas wie Mode für Männer gar nicht wirklich. Mode, Klamotten, Geschmack. Pah! Pille-Palle, sagen sie hinter unserem Rücken.

Es gibt Kälteschutzkleidung und Wärmeschutzkleidung.

Und den ganzen Rest könnte man sich sparen – gäbe es uns Frauen nicht!

Was kann man machen?

Ein stilsicherer Mann ist ein Jahrhundertereignis. Und für die restlichen Jahre empfehle ich jemanden, der geduldig oder klug genug ist, die Sachen anzuziehen, die Sie ihm mit Ihrem treffsicheren Geschmack nahelegen. Alles andere gibt doch nur Ärger.

Und die goldene Banane …

… bekommt der Mann, der die Plastiktüte aus seinem Leben verbannt! Das zumindest müsste doch drin sein!

„Ich will sofort aussteigen!“
Männer auf dem Todessitz

Der Klassiker:

Abends, eine Landstraße, ein Auto. SIE sitzt am Steuer, ER sitzt auf dem Todessitz. Jedenfalls gebärdet er sich so: Hochaufgerichtet, mit starrem Oberkörper, die Hand um den Gurt geklammert, beäugt er jede ihrer Bewegungen mit Misstrauen. Er schaltet mit, er bremst mit, er gibt unentwegt Kommentare ab, er ist *nicht* der Fahrlehrer.

Eben auf dem Fest war er noch ein normaler, netter Mann. Ihr Mann. Jetzt ist er ein psychopathischer Irrer, der sie in den Wahnsinn treiben will.

Die Mutation erfolgt nach fünfhundert Metern, als sie auf die Landstraße abbiegt.

„Hier ist fünfzig!“, sagt er, als sie sechzig fährt.

„Du bist im falschen Gang“, stöhnt er, als sie abbremst.

„Mein Güte, musst du so ruckartig fahren, mir ist schon ganz schlecht!“, stößt er mit verzerrter Miene hervor.

In der Tat ist er ganz bleich im Gesicht. Leider macht

die Gewissheit, dass er nur noch wenige Minuten zu leben hat, ihn nicht stumm.

Sie versucht die Ruhe zu bewahren und die holperige Straße so sanft wie möglich zu nehmen, als er schon wieder losschreit: „Die Ampel ist ROT!“ Ja, das sieht sie selbst. Die Ampel in tausend Metern Entfernung ist gerade auf Rot umgesprungen, aber es macht wenig Sinn, schon hier zu halten.

Sie schaut zu ihm hinüber. „Kannst du bitte einfach den Mund halten, du machst mich ganz nervös!“

„Guck auf die Fahrbahn!“, herrscht er sie an.

„Ich guck ja auf die Fahrbahn!“ Erbost haut sie den nächsten Gang rein, und das Auto macht einen Satz. Sie hätte sich gar nicht darauf einlassen sollen, zu fahren, aber er wollte ja unbedingt noch ein Glas Wein trinken. Es ist jedes Mal dasselbe! Kaum sitzt sie am Steuer, wird er hysterisch.

„Kein Gefühl für den Motor“, murmelt er mit halb geschlossenen Augen vor sich hin.

Sie atmet tief durch und zwingt sich, diese Unverschämtheit zu überhören, als er schon wieder in seinem Sitz hochschnellt. „Das Stoppschild ... du hast das Stoppschild überfahren! Einundzwanzig, zweiundzwanzig, dreiundzwanzig!“, keucht er.

„Schatz“, knirscht sie zwischen den Zähnen hervor, „die Straße ist frei, verstehst du – frei!“ Um ihren

Worten mehr Gewicht zu verleihen, tritt sie aufs Gaspedal. Je eher sie zu Hause sind, desto besser.

„Jetzt fährst du schon wieder zu schnell! Fünfzig ... Fünfzig!", tönt es blechern wie aus einem Automaten.

„Meine Güte, dann fahr du doch!" Muss sie sich das noch länger anhören? Wütend stellt sie das Radio an.

Sofort schießt eine Hand von rechts vor, die das Radio wieder ausstellt.

„Konzentriere dich aufs Fahren!"

„Was soll das? Lass das Radio an!" Mein Gott, der behandelt sie, als hätte sie seit gestern ihren Führerschein. Sie schubst seine Hand weg, und das Auto schlingert leicht nach rechts.

„Was machst du denn da, willst du uns umbringen?", schreit er in höchster Erregung. „Halt an! Ich will sofort aussteigen! *Sofort!*"

Jetzt reicht's! Dieser Mann, den sie nicht kennt, gehört in eine geschlossene Anstalt – das ist mal klar! Wütend tritt sie auf die Bremse. Mit quietschenden Reifen kommt das Auto zum Stehen.

„Dann noch einen schönen Abend", sagt sie während er den Sicherheitsgurt von sich reißt und die Wagentür aufstößt. „Und schlaf bitte unten auf dem Sofa, wenn du nach Hause kommst!"

Ein Mann und eine Frau im Auto – keine Hölle kann schöner sein!

Es soll Paare gegeben haben, die in Köln wohlgemut ins Auto stiegen, um in den Urlaub zu fahren, und bereits bei Frankfurt West so zerstritten waren, dass er schrie, er wolle jetzt sofort zum Bahnhof, um mit dem Zug weiter zu fahren, und sie schrie, sie wolle die Scheidung.

Die Autofahrt zu zweit – ein echter Härtetest für Beziehungen!

Dabei könnte alles so einfach sein, wenn man sich nur an gewisse Spielregeln halten würde. Zum Beispiel: Wer fährt, darf bestimmen, ob Radio gehört wird. Wer auf dem Beifahrersitz sitzt, soll die Klappe halten.

Während Frauen in der Regel angenehme Beifahrer und umsichtige Fahrer sind, die einfach nur möglichst friedlich von A nach B kommen wollen, müssen Männer immer ihre eigene kleine Schreckens-Show abziehen. Nun gibt es zwei Möglichkeiten:

Entweder der Mann sitzt am Steuer. Dann ist er der König, und alle anderen Verkehrsteilnehmer sind Idioten. Und während man als Frau vergeblich versucht, eine Illustrierte zu lesen oder gar sich zu unterhalten (mit dem König!), steht man unter der ständigen akustischen Befeuerung seiner Unmutsbezeugungen. „Nun fahr doch endlich, Mädchen! Grüner wird's nicht!“, schnauzt er, wenn die Ampel gerade mal von Rot auf Gelb wechselt. „Sonntagsfahrer! Macht das Altenheim einen Ausflug, oder was?“, flucht er auf der Autobahn, wenn er den armen Fiesta-Fahrer vor uns, der gerade den Laster überholen will, mit der Lichthupe aufscheucht und so dicht auffährt, dass man das Gefühl hat, auf dessen Rücksitz zu sitzen. Wir machen den Weg frei, und die Strecke Köln – München schafft der sportliche Autofahrer locker in vier Stunden! Daran können auch Geschwindigkeitsbegrenzungen nichts ändern, die Männer entweder als Provokation empfinden („Hundert? Was heißt hier Lärmschutz?! Das machen die nur, um Geld zu ziehen!“) oder als Empfehlung verstehen („Hundert? Heute nicht!“). Natürlich nur, solange sie selbst am Steuer sitzen.

Oder der Mann sitzt auf dem Beifahrersitz. Als Beifahrer terrorisieren Männer die Frauen gerne mit diesem originellen Mix aus Besserwisserei und Panikmache. Es ist einfach nur großartig, wie lange Frauen das manchmal aushalten, ohne handgreiflich zu werden. Aber Frauen sind eben leidensfähig. Und man muss einfach mal festhalten, dass Frauen das Autofahren *trotz* der Männer gelernt haben – von Fahrlehren mal abgesehen, aber die nehmen ja auch Geld dafür.

„Lass mich besser fahren!“, sagen Männer, wenn

man zum Autoschlüssel greift. „Mit dir zu fahren, macht mich total nervös!"

Für Frauen, die mit Männern fahren, gibt es wiederum folgende einfache Rollenverteilung:

Egal, *wo* sie sitzt – im Auto ist die Frau der Sklave. Auf dem Beifahrersitz ist sie Handlanger und – so man keines hat – Navigationssystem in einer Person. Sie reicht Kaffee und belegte Brote, sie ist für die Unterhaltung zuständig und dafür, dass es dem Fahrer gut geht. Schließlich nimmt er ja die Strapaze auf sich, sie durch die Gegend zu befördern. Selbstverständlich ist der König der Straße auch der Herrscher über Radio, CD-Player, Lüftung und Klimaanlage. Er allein darf den Fensteröffner für alle Fenster betätigen, weil ihm sonst schlecht wird („Das Fenster muss auf!") oder er empfindlich auf Zugluft reagiert („Das Fenster muss zu!") Er allein darf die Knöpfe drehen. „Nun spiel hier nicht dran rum, das ist alles eingestellt." Oder: „Ich kann dieses Gedudel jetzt nicht hören."

Unfairerweise bleiben die Herrschaftsverhältnisse auch dann bestehen, wenn die Plätze getauscht werden. Das sorgt bisweilen für schlechte Stimmung. Wirklich brisant jedoch wird es, wenn er am Steuer sitzt und sich verfahren hat. Wohl dem, der ein Navigationssystem hat!

Wir alle kennen diesen gefährlichen Satz, der in den meisten Fällen todsicher zum Streit führt: „Hältst du mal die Karte?"

Achtung! Falle! Hältst du mal die Karte – das klingt zunächst einmal harmlos, fast fakultativ. In Wirklichkeit jedoch heißt es: „Halte die Klappe und sage mir auf Zuruf – und dann innerhalb von fünf Sekunden –, wie ich fahren muss!"

Ich meine – ist das fair? Männer müssen doch inzwischen begriffen haben, dass die meisten Frauen keine Karte lesen können oder wollen. Was ist das auch für eine Art, mit einer Frau wegzufahren, sie total zu entmündigen – und dann nicht mal den Weg zu wissen?

Wenn man schon auf dem Beifahrersitz Platz nehmen muss, trägt man auch nicht die Verantwortung für pfadfinderische Manöver.

Der Hammer aber ist, dass Männer immer bis zum letzten Moment warten. Dann reichen sie uns die Karte und sagen: „Guck mal eben, wo wir hier abfahren müssen!" Okay, wir tun unser bestes. Wir schlagen den Atlas an der entsprechenden Stelle auf. Wir suchen das Autobahnkreuz. Dabei gucken wir die ganze Zeit nach unten, und uns wird schlecht. Doch das ist dem König egal. „So ... da vorne kommt das Autobahnkreuz Neufahrn – wo müssen wir jetzt ab – rechts oder links?"

Uns bricht der Schweiß aus. Aus welcher Richtung kommen wir überhaupt? Wir drehen die Karte passend zur Fahrtrichtung. Jetzt stehen alle Namen auf dem Kopf. Wir versuchen zu erschließen, wo nun rechts und links eigentlich ist. „Ich weiß nicht genau, aber guck mal, hier ist Neufahrn, das hab ich gefunden", sagen wir und halten ihm die Karte und unseren Zeigefinger so dicht unter die Nase, dass er eigentlich alles bestens sehen kann. Doch er ignoriert das einfach. „Rechts oder links, rechts oder links?!", brüllt er wie ein Amokläufer. Und dann fährt er rechts oder links. Aber auf jeden Fall falsch. Und wir sind es mal wieder schuld.

„Zu blöd, um Karte zu lesen!" ist der Kommentar. „Komm, gib schon her!" Wir verlassen die Autobahn, und nun fährt er alle hundert Meter an den Rand und guckt selbst. „Was ist das eigentlich für eine Scheißkarte?!" Okay – jetzt ist die Karte schuld. Mittlerweile ist die Luft im Auto zum Schneiden dick. Am liebsten würden wir ein Fenster öffnen, aber das dürfen wir ja nicht. Wir hüllen uns in beleidigtes Schweigen und denken an unseren nächsten Urlaub mit der besten Freundin.

Der Sklave spricht nicht mehr. Der König kurvt mit zusammengebissener Miene durch die niedlichen kleinen Orte Niederbayerns. Es wird Abend. „Sollen wir nicht mal einfach fragen?", schlagen wir vorsichtig vor.

„Fragen?“ Er wirft uns einen Blick zu, als ob wir etwas Unsittliches vorgeschlagen haben. „Ich find das schon!“ Ein König fragt nicht. Noch Fragen?

Der kleine Männererkenner sagt ...

Da leben wir nun im 21. Jahrhundert – und dann das! Da war man ja bei den Feuersteins schon fortschrittlicher. Wenn ich mich recht erinnere, konnte Wilma immer völlig unbehelligt im Auto mit den Steinrädern durch die Gegend sausen.

Gut – es gibt immer wieder Männer, die Frauen vertrauen. Beim Autofahren, meine ich. Ich habe sogar schon von Fällen gehört, wo Männer sich von Frauen stundenlang fahren lassen und dabei *schlafen*! Das muss das Paradies sein! Denn im Normalfall ist es ja so, dass Männer als Fahrer schweigen und als Beifahrer eben leider nicht.

Die Beziehung eines Mannes zu seinem Auto ist ähnlich eng wie die einer Frau zu ihrer Handtasche.

My car is my castle! Das Auto des Mannes ist seine Burg. Seine Waffe. Sein sekundäres Geschlechtsmerkmal. Im klassischen Fall schnell und groß. Auf jeden Fall schneller und größer als die anderen! Wie man es im wirklichen Leben eben gern hätte.

Der Mann auf dem Beifahrersitz – das ist Gefahr für Leib und Seele. „Frau am Steuer!“ Jeder Mann weiß doch, was das heißt!

Sich in die Hände einer Frau zu begeben ... *Ri-si-ko!*

Das ist Potenzverlust. Machtverlust. Das ist eigentlich gegen die Natur.

Der Mann sagt, wo's langgeht. Wenigstens im Auto!

Was kann man machen?

Wenn es das Budget erlaubt, empfehlen sich zwei Autos. Das spart im Alltag schon mal ne Menge Ärger und blöde Bemerkungen.

Für weitere gemeinsame Fahrten empfiehlt sich die Benutzung öffentlicher Verkehrsmittel. In der Regel verfahren sich diese auch nicht.

Für weitere gemeinsame Fahrten im Auto empfiehlt es sich (wenn Sie selbst fahren), den Krakeler auf den Rücksitz zu verbannen (am besten mit verbundenen Augen). Oder vorher ein Sedativum zu verabreichen.

Wenn er fährt, können Sie – im Fall, dass Sie kein Navigationssystem haben – nur vorher klarstellen, dass Sie *auf keinen Fall* die Karte lesen, weil Ihnen sonst schlecht wird und Sie dann in sein tolles Auto kotzen müssen. Das wird er sofort einsehen. Des weiteren empfiehlt es sich, den i-pod mitzunehmen, die Kopfhörer aufzusetzen und auf diese Weise seinen unkontrollierten Temperamentsausbrüchen zu entgehen. So werden Sie beide ganz entspannt ihr Ziel erreichen.

Oder suchen Sie sich gleich einen Mann ohne Führerschein. Der ist Ihnen ewig dankbar, wenn Sie ihn chauffieren. Und Sie haben ein schönes, selbstbestimmtes Fahren ohne Geschrei. Nur tanken müssen Sie dann selbst. Aber mal ehrlich – im Vergleich zu allem anderen ist das doch das kleinere Übel!

Und die goldene Banane …

… gibt's diesmal für den Mann, der es auf dem Todessitz schafft, die erste halbe Stunde mucksmäuschenstill zu sein. Nur eine halbe Stunde. Damit wäre uns Frauen hinter dem Steuer schon sehr geholfen.

„Ach – bei uns läuft schon seit Jaaahren nichts mehr!“
Männer, verheiratet

Der Klassiker:

Endlich hat SIE ihn gefunden: ER hat dieses supersympathische Lächeln. Er riecht gut. Er sieht aus wie George Clooney (fast!). Er hält ihr alle Türen auf. Er bringt sie zum Lachen. Er schenkt ihr Freilandrosen und keine Friedhofsgestecke. Er kennt die romantischsten Restaurants in der Stadt. Er geht gerne in Kunstausstellungen. Er geht gerne ins Kino. Er trägt sie auf Händen. Er gibt ihr das Gefühl, etwas ganz besonderes zu sein. Er ist charmant, witzig, zärtlich – und der beste Liebhaber, den man sich nur vorstellen kann. Er ist alles, was sie sich je erträumt hat.

Er hat nur einen Fehler: Er ist verheiratet!

Aus der Traum!

Oder doch nicht?

„Bei uns läuft schon seit Jaaahren nichts mehr!“, hat er ihr gesagt. „Eigentlich leben wir wie in einer WG.“

Wenn die Kinder nicht wären, hätte man sich schon längst getrennt. Seine Frau ist ganz nett, okay. So eine normale Durchschnittslangeweilerin halt. Sie inspiriert ihn nicht. Sie interessiert sich nicht für die Dinge, die er tut. Sie hat kein Verständnis für ihn. Sie singt im Chor und rennt zweimal die Woche ins Tai Chi. Na ja – wenn's ihr Spaß macht. Miteinander geschlafen haben sie das letzte Mal ... also, das muss Jahre her sein, er kann sich kaum noch daran erinnern. Das Leben ist öde und zur Routine erstarrt.

Aber jetzt sind die Karten neu gemischt. Jetzt hat er seine Traumfrau gefunden. Die Zukunft erstrahlt in goldenem Glanz.

Da wäre nur noch eine Kleinigkeit zu regeln ...

„Ich will immer bei dir sein", hat er ihr neulich im Bett gesagt. „Gib mir etwas Zeit!", hat er sie gebeten, als sie ihn fragte, wie das jetzt alles weitergehen soll. „Ich werde mit ihr reden!", hat er versprochen, als sie ihm unmissverständlich klargemacht hat, dass ein Schattenfrauendasein auf Dauer nicht ihr Ding ist.

Natürlich muss man es der Angetrauten schonend beibringen. Alles andere wäre auch nicht fair. Schließlich hat sie ihm ja nichts getan. Und wenn man es richtig anpackt – wer weiß? Vielleicht ist sie sogar froh.

SIE lässt ihm natürlich Zeit. Sie hat natürlich Verständnis dafür, dass das alles nicht so leicht ist. Und dass man den richtigen Zeitpunkt für den Absprung finden muss. Vor Weihnachten kann er es ihr auf gar keinen Fall sagen. Das würde ein Drama, allein schon wegen der Kinder. Und irgendwie wäre es auch herzlos, es gerade vor dem zehnten Hochzeitstag zu verkünden, der im Februar ist. Im April wird sie vierzig. Jeder weiß ja, wie problematisch dieses Alter für Frauen ist. Dann denkt sie nachher noch, er verlässt sie deswegen. Im Mai stirbt der Opa. Jetzt geht es wirklich nicht – sie ist total fertig. Im Juni hat sie diese schlimmen Menstruationsbeschwerden. Das kann man einer Kranken nicht zumuten. Im Juli stehen die großen Ferien vor der Tür. Es ist wahrscheinlich das letzte Mal, dass die Kinder mitfahren. „Das verstehst du doch, oder?“

Sie nickt. Und nein – sie versteht nicht. Schließlich hat sie auch Gefühle, die verletzbar sind. Allmählich geht es ihr auf den Geist, sich immer heimlich treffen zu müssen. Ihn nicht anrufen zu können. Jedes Wochenende allein zu sein. An ihrem Geburtstag, weil der dieses Jahr auf Ostern fiel. An seinem Geburtstag, weil er den mit der Großfamilie feiern muss. An Weihnachten und überhaupt.

„Mein Herz gehört dir“, versichert er ihr. Die Ehefrau ist ein paar Tage weg, und er ist mit ihr nach Bozen gefahren. Wie immer ist es wunderschön. Sie wird wieder weich, obwohl sie sich vorgenommen hatte, mit ihm Schluss zu machen. „Diese Ehe besteht doch nur noch auf dem Papier." Er sieht sie mit diesem treuen Blick an. Und lächelt sein supersympathisches Lächeln. „Vertraue mir. Wenn sie von ihrem Tai Chi-Wochenseminar zurück ist, sag ich ihr alles!"

Am Wochenende geht sie allein ins Kino. „Ocean's Eleven" mit George Clooney. Sie ist nervös und krank vor Sehnsucht.

Und dann trifft sie fast der Schlag. Ihr Traummann aus der Wirklichkeit steht vor dem Popcorn-Stand. Mit seinem supersympathischen George-Clooney-Lächeln reicht er gerade eine Tüte Popcorn weiter.

Die Frau neben ihm lacht. Sie ist blond. Sie ist zierlich. Sie ist entzückend. Sie trägt einen Ehering. „Das war eine tolle Idee von dir, Schatz!", sagt sie und kuschelt sich an ihn. „Wie gut, dass die Kinder jetzt allein zu Hause bleiben." Er küsst sie auf den Mund. Er küsst sie *lange* auf den Mund!

„Ich hab noch andere gute Ideen", sagt er schließlich und flüstert etwas in ihr Ohr. Sie kichert. „Du bist schlimm", sagt sie. Und dann schlendern sie Arm in Arm in die Dunkelheit des Kinos.

Ein altes Ehepaar, dessen Ehe nur noch auf dem Papier besteht.

Der verheiratete Mann auf Abwegen ist eines der schwierigsten Kapitel in der Menschheitsgeschichte.

Wenn man bedenkt, wie viele Frauen als heimliche Geliebte ihr Dasein fristeten und immer wieder fristen (jeder von uns hat doch mindestens *eine* gute Freundin, die kostbare Lebenszeit verschwendet und mehr unglücklich als glücklich ist), kann man eigentlich kaum verstehen, warum sich alleinstehende Frauen überhaupt auf verheiratete Männer einlassen. Ich meine: Man.weiß.es.doch. Man weiß doch inzwischen, dass das in der Regel mit einem Drama endet. Oder es wird ein Schrecken ohne Ende. Und bevor man es so richtig geschnallt hat, sind tausend Jahre um, und man ist selbst alt und grau und fett von den vielen Chipstüten und Tiramisu-Familien-Eiskrempackungen, die man an einsamen Abenden aus Frust vor dem Fernseher geleert hat.

Gut. Es gibt Camilla. Die Hoffnungsträgerin aller wartenden Frauen.

Aber, mal ehrlich – ist das wirklich Ihre Option?! Mal abgesehen davon, dass viele von uns noch nicht so recht ergründen konnten, wie man so lange auf *Charles* warten kann, sollte es doch eigentlich so sein, dass überhaupt keine Frau auf einen Mann wartet.

Wie schaffen es also Männer immer wieder, ihre Freundin aus dem Off-Bereich so lange bei der Stange zu halten? Und – was denken sie sich dabei?

Ich will es Ihnen verraten: Es ist dieser für uns Frauen so

unwiderstehliche Mix aus riesigen Versprechungen, treuherzigen Vertröstungen und gigantischer Verdrängung. Und Männer denken sich dabei ... nichts.

Wenn ein verheirateter Mann Ihnen sagt, dass er sich von seiner Frau trennen will, heißt das erst einmal noch gar nichts. Es ist eine Absichtserklärung, gesagt im Überschwang der Gefühle, die mit der Realität (noch) wenig zu tun hat. Vor allem im Bett wird gerne viel versprochen. Je besser der Sex, desto größer die Ansagen. Aber vergessen Sie bitte nicht: Wenn er sagt: „Du sollst nur mir gehören!" bedeutet das noch lange nicht: „Ich werde nur dir gehören!"

Es gibt natürlich auch Männer, die von vornherein offensiv klarstellen, dass ihre Ehe unauflösbar ist. Das sind entweder totale Pragmatiker oder Männer, die sich ganz sicher sind, dass sie trotzdem keinen Korb bekommen. Ihre hohe moralische Integrität hält sie natürlich nicht davon ab, gerne auch andere Verbindungen einzugehen. „Schade, dass wir uns nicht früher begegnet sind", sagen sie dann. Oder: „Wenn ich frei wäre, würde ich dich sofort heiraten, und wir könnten Kinder haben."

Klar, dass Frauen dann doch irgendwie hoffen, das Blatt könne sich noch wenden. Doch natürlich wendet sich nichts. Und wenn sie dann das nächste Mal innerlich durchdrehen, weil sie mit zusammengebissenen Zähnen mit anhören müssen, wie er vom Hotelbett aus mit der Ehefrau telefoniert („Ja, chérie ... ich dich auch!"), kann er immer noch sagen: „Aber Schatz, das haben wir doch beide gewusst."

1-2-3-Ich trenne mich!

Das Ich-trenne-mich-Projekt läuft eigentlich immer gleich ab. Man unterscheidet drei Stufen:

Stufe 1: Er will mit ihr reden.
Stufe 2: Er redet mit ihr.
Stufe 3: Er trennt sich.

Unnötig zu erwähnen, dass die meisten verheirateten Männer nie über die erste Stufe hinauskommen. Es gibt ja auch tausend Gründe, warum dem guten Vorsatz die Tat nie folgt. Und es sind immer die Umstände, die das Gespräch der Gespräche verhindern. Wichtige Familienfeste, Todesfälle, Krankheiten, die Kinder, das Haus, der Hund („Was wird aus dem armen Hund, wenn wir uns trennen?"), das Geld („Ich bin ruiniert, mir bleibt da nichts mehr!").

Wenn der erste Rausch vorbei ist, erfolgt gerne auch die Rückbesinnung auf die Werte der Gattin („Sie hat mir einen Kuchen in Herzform gebacken!") und – dicht davon gefolgt – die moralische Ecke („Das hat sie nicht verdient!", wahlweise „Das kann ich ihr nicht antun!")

Okay, klar hat sie das nicht verdient. Aber – haben *wir* das verdient?

Schade, dass den Herren das alles nicht mal früher einfällt. Dann zum Beispiel, wenn sie uns sagen, dass wir ihre ganz, ganz große Liebe sind!

Ich meine – uns Frauen wird immer nachgesagt, wir hätten diese kalten Füße. Aber kalte Füße haben und kalte Füße bekommen sind immer noch zwei Paar Stiefel. Und mal ehrlich – was ist schlimmer?

Wenn die Geliebte dann schließlich fordert: „Entscheide dich!", sagt der Mann vorwurfsvoll: „Du bist so hart!" Oder: „Jetzt setzt du mich auch noch unter Druck!"

Aber gut! In dubio pro reo! Nehmen wir mal an, der Mann hat Stufe 2 erklommen. Er hat tatsächlich mit der Ehefrau geredet. Sie weiß es.

Für die Geliebte noch lange kein Grund, sich zu freuen.

In der Regel geht das Drama jetzt nämlich erst richtig los. Entgegen der Hoffnungen so mancher Männer sagen die wenigsten Ehefrauen nämlich: „Oh, Schatz! Prima, dass du das ansprichst. Ja, trennen wir uns! Ich wollte dir gerade denselben Vorschlag machen!"

Nein, nun verkommt das ganze zur griechischen Tragödie. Die Ehefrau weint und schreit und droht und fleht.

Mal ehrlich – dagegen ist jeder Mann machtlos.

„Ich hab ja nicht gewusst, dass sie noch so an mir hängt", jammern sie. „Jetzt weiß ich, dass wir doch zusammengehören!", erklären sie, kommen sich vor wie die besten Menschen auf Erden und sagen salomonisch: „Ich liebe dich auch. Aber sie liebe ich schon länger." Oder sie wollen uns nicht ins Gesicht sagen, dass sie sich nun doch nicht trennen werden. „Ich habe schon genug gelitten!", schreien sie dann und hämmern dramatisch mit der Faust gegen die Oberschränke unserer Küche. „Ich kann nicht mehr!", sagen sie und hoffen auf unser Mitleid. Oder es wird gleich der Vorschlaghammer ausgepackt. In völliger Überschätzung seiner selbst sagt der Mann: „Wenn ich ihr das antue, bringt sie sich um!"

Dagegen nun sind wir machtlos. Möchten wir das verantworten? Nein.

Es klingt jetzt vielleicht zynisch, aber ein bisschen stutzig macht es uns ja doch, wenn die potentielle Aus-dem-Fenster-Springerin wenige Monate später selbst ihren Mann verlässt, weil sie eine neue Liebe gefunden hat.

Das ist dann in den meisten Fällen auch unsere einzige Chance.

Es sei denn, der Mann trennt sich wirklich. Vorübergehend. „Sie hat gesagt, ich kann immer wieder zurückkommen", erzählt er uns gerührt. Wie schön! Wir finden das auch wirklich großartig. Ich meine, welche Frau wünscht sich nicht ein Damokles-Schwert über ihrem Kopf?

Tja, liebe Freudinnen. So sieht's aus!

Die wirklich schlechte Nachricht aber kommt erst noch:

Außer in den Schauspielerkreisen des amerikanischen Hollywood – und dort wird ja nun ständig Film und Realität verwechselt – schaffen es die meisten Männer nicht, Stufe 3 zu erklimmen und ihren großen Ansagen auch große Taten folgen zu lassen.

Aber es gibt auch eine gute Nachricht:

Die Männer, die sich *wirklich* trennen, tun dies in der

Regel sehr zügig und ohne Rücksicht auf Verluste. Und an die sollten Sie sich halten!

Der kleine Männererkenner sagt ...

„Besser ein Ende mit Schrecken als ein Schrecken ohne Ende."

Diesen Spruch hat sicherlich kein Mann erfunden, so viel ist klar. Männer können aussitzen ohne Ende. Jedenfalls, wenn es um ungeklärte Beziehungsfragen geht. Hauptsache, die Fassade steht noch. „Wir müssen reden!" Das sagt kein Mann. Das sagen immer nur Frauen. Der Wunsch, einmal Bestehendes nicht zu verändern, ist eine prima Voraussetzung dafür, alles so weiterlaufen zu lassen wie bisher. Mein Haus, mein Auto, mein Boot, meine Frau. Alles andere ist letztlich nicht so wichtig.

Ein Mann hat in einer ehrlichen Minute mal zu mir gesagt: „Männer trennen sich nicht gern." Das glaube ich ihm aufs Wort. Warum sollten sie auch? Sie tun ja instinktiv das für sie Richtige. Selbst in einer „schlechten" Beziehung geht es einem Mann immer noch um Klassen besser als einer Frau. Er kann jeden Tag morgens gehen und die Tür hinter sich zumachen. Und in der Zwischenzeit regelt sie alles andere – egal, ob sie nun arbeitet oder nicht. Warum sollte ein Mann das aufgeben? Das ist doch die Basis, von der er startet – zu welchen amourösen Abenteuern auch immer!

Kein Mann trennt sich einfach so. Zum Beispiel, weil er es nicht mehr aushält, dass man nicht mehr miteinander spricht. Oder schläft. Männer können da sehr viel aushalten. Und es gibt in der Regel ja auch nette Ausweichmöglichkeiten.

Wenn ein Mann sich trotzdem trennt, steckt immer eine Frau dahinter. Und dann ist sie entweder zwanzig Jahre jünger als er und gibt ihm seinen Körper zurück – oder sie ist wirklich die Frau seines Lebens. Die, für die er alles aufgibt. Alles ändert. Ohne zu zögern.

Ja, auch so etwas kommt vor! Wenn Männer *wirklich* wollen, können sie Berge versetzen. Aber sie wollen halt nicht immer wirklich. Auch wenn sie das am Anfang vielleicht sagen. Weil sie erst mal loslegen – und dann denken. Weil sie dem schönen Moment erliegen und den schönen Frauen. Weil sie – sagen wir es, wie es ist – leicht verführbar sind. Sie sind Sklaven ihrer Hormone, die ihnen immerzu ins Ohr rufen: „Wenn du scharf bist, musst du rangehn, alles weitere wird man dann sehn!"

Und wenn anschließend diese harten Frauen kommen und *Entscheidungen* wollen, wird der Mann ganz panisch. Männer wollen sich nicht entscheiden. Männer hassen es, sich zu entscheiden. Weil sie ja nicht das eine oder das andere wollen. Sondern beides. Und dann sagen sie in ihrer Not: „Ich würde ja gern was ändern, aber ich kann nicht." Und meinen: „Ich will nichts ändern, aber das kann ich dir nicht sagen, weil du mich sonst nicht mehr toll findest, und das kann ich nicht ertragen."

Ist denn das so schwer zu verstehen?

Was kann man machen?

Es mag spießig klingen, aber lassen Sie sich erst gar nicht mit einem verheirateten Mann ein. Es sei denn, Sie sind der melodramatische Typ oder Sie haben noch mindestens zwei weitere Männer an der Hand.

Okay, ich weiß – es ist unrealistisch. Die besten Männer sind nämlich immer schon verheiratet. Also, wenn Sie schon bis über beide Ohren im Schlamassel stecken, befolgen Sie wenigstens folgenden Rat:

Warten Sie nicht zu lange (sechs Monate sind die Obergrenze Ihrer Geduld). Und reden Sie sich nichts schön. Bedenken Sie: *It takes two to tango.* Zum Spiel gehören immer zwei. Der, der es spielt, und der, der es mitmacht. Es ist ein beliebter Trugschluss zu glauben, dass die Zeit für Sie arbeitet. Die Zeit arbeitet *immer* gegen Sie. Überlegen Sie doch mal: Wenn er sich in den ersten wundervollen Monaten Ihrer Liebe nicht aufraffen kann, sein Leben zu verändern und zu Ihnen zu stehen, wieso sollte er das dann Jahre später tun? Wir sind hier nicht bei „My Fair Lady".

I've grown accustomed to her face? Vergessen Sie das mal ganz schnell! Wenn der Mann Ihrer Träume das wollte, hätte er doch gleich bei seiner Frau bleiben können!

Lassen Sie die Tricks! Sie müssen niemanden zu seinem Glück zwingen! Damit erreichen Sie vielleicht kurzfristig, was Sie wollen, aber auf Dauer sind Sie immer die Dumme.

Vergessen Sie die Florence-Nightingale-Nummer, und hören Sie auf, ihn oder seine Seele oder sein verschlossenes Herz oder was auch immer Sie sich zusammen phantasieren, erretten zu wollen!

Wenn ein Mann nicht kann, dann will er nicht. Und wenn er will, dann kann er auch. Nun glauben Sie doch einer Frau, die das Leben kennt!

Weil ich jedoch weiß, dass Frauen in der Liebe unverbesserlich sind, habe ich folgendes Erste-Hilfe-Glossar zusammengestellt:

Was Männer sagen und was sie meinen ...

▸▸ Wir schlafen schon seit Jahren nicht mehr zusammen.	Wir führen eine ganz normale Ehe.
▸▸ Bei uns geht jeder seine eigenen Wege.	Ich kann machen, was ich will.
▸▸ Wir wollen uns scheiden lassen.	Und was machst du heute Abend?
▸▸ Eigentlich wollen wir uns scheiden lassen.	Wir renovieren gerade unser Haus.
▸▸ Wir sind noch verheiratet, aber wir wollen uns trennen.	Ich hatte in den letzten Jahren immer mal wieder eine Freundin.
▸▸ Ich werde mit ihr reden.	Im nächsten Jahrhundert werde ich mit ihr reden.
▸▸ Vor Weihnachten geht´s nicht, da kommt die Familie.	Problem erfolgreich verschoben.

▸▸ Ich warte bis nach dem Hochzeitstag.	Wieder Zeit gewonnen!
▸▸ Ich hätte es ja gesagt, aber jetzt ist ihre Mutter krank.	Glück gehabt!
▸▸ Gestern wollte ich´s sagen, aber dann bekam sie Migräne.	Das war knapp!
▸▸ Frauen sind so hart.	Frauen wollen immer, dass man sich entscheidet.
▸▸ Ich liebe euch beide.	Ich werde euch beide unglücklich machen.
▸▸ Ich kann das nicht.	Ich will das nicht.
▸▸ Das kann ich ihr nicht antun.	Das wird ein Gang durch die Hölle für mich.
▸▸ Lass uns vernünftig sein.	Das wird alles viel zu teuer.
▸▸ Ich hab ja nicht gewusst, dass sie noch so an mir hängt.	Ich weiß jetzt gar nicht mehr ... wollte ich mich wirklich trennen? Warum eigentlich?

▸▸ Ich will ihr nicht weh tun.	Leider musst du dran glauben.
▸▸ Das musst du verstehen.	Hör auf, mir Vorwürfe zu machen.
▸▸ Ich habe schon genug gelitten.	Hilfe, wie werde ich dich los?
▸▸ Ich weiß einfach nicht, was ich machen soll.	Ich warte einfach ab, wer zuerst das Handtuch schmeißt, dann bin ich wenigstens nicht schuld.
▸▸ Wir müssen jetzt ganz stark sein.	Du musst jetzt ganz stark sein.

„Äh … war da was?“
Männer im Land des Vergessens

Der Klassiker:

ER kommt von einer Dienstreise nach Hause. SIE hat eine Überraschung für ihn, aber davon ahnt er glücklicherweise noch nichts. Während er nämlich unterwegs war, hat sie die Zeit genutzt und diesen schrecklichen runden Esszimmertisch ausrangiert, der ihr schon lange ein Dorn im Auge war, zumal einmal ein Toaster auf ihm repariert wurde („Wieso wegschmeißen“, sagte der Heimwerker, „der geht doch noch!“) Danach hatte der Tisch einen Brandfleck, und der Toaster wurde weggeworfen.

Na, wie auch immer – nun steht sie da, vor dem neuen Zwei-Meter-zwanzig-Teakholzwunder aus Indonesien, hat zum Abendessen gedeckt, die Kerzen brennen … Sie steht einfach da und lächelt verheißungsvoll … Und dann sagt sie diesen *Satz*, diesen zweitschlimmsten Satz im Leben eines Mannes:

„Naaa? Fällt dir nichts auf?“

Nö, ihm fällt nichts auf. Ist doch alles wie immer,

oder? Dann erinnert er sich dunkel. Es ist ja nicht so, dass er nun *gar* nichts dazu gelernt hätte in den letzten Jahren. Das kennt er doch aus der Werbung und aus Filmen – diese Frage *kann* nur was mit Haaren zu tun haben. Prüfend schaut er sie an. Hmpf, komisch – die Haare kommen ihm länger vor – ja, können die denn in drei Tagen *so* wachsen? Aber halt – sie trägt sie jetzt offen – deswegen wirken sie länger. Um Zeit zu gewinnen, lächelt er auch.

Mein Gott, was kann es denn noch sein? Neues Kleid? Neue Schuhe? Schade, Schuhe scheiden aus – sie ist barfuß. Fieberhaft überlegt er, was er antworten soll, und kommt sich vor wie beim Russisch Roulette. Jetzt nur nichts falsch machen, sonst ist der Abend gelaufen.

„Naaaaa?" Sie lächelt noch, aber ihr Lächeln ist irgendwie ... lauernd.

„Du hast ... ein neues ... Kleid?", stammelt er und sieht aus wie Hugh Grant, wenn der versucht nachzudenken.

Sie schüttelt unwillig den Kopf und lehnt sich provokativ gegen die Tischplatte: „Mann, jetzt guck doch einfach mal hin!"

Gutgut, er hat noch eine Chance, bevor sie wirklich sauer wird. Er merkt, wie er anfängt zu schwitzen. Jetzt heißt es sehr, sehr schlau sein. Und dann fällt ihm etwas wirklich Geniales ein. „Du hast ... abgenommen!“

Verblüfft streicht sie über ihr Kleid. „Findest du? – Na, dann setz dich mal hin – wir haben übrigens einen neuen Tisch.“

Neuer Tisch? Ach so. Wär ihm jetzt gar nicht aufgefallen. Mann, das war knapp!

Um es gleich vorweg zu sagen – die Genialität dieses Herrn besitzen nicht viele Männer. Dieser hier muss bereits irgendeinen Ratgeber über Frauen gelesen haben. Alle anderen haben inzwischen aber immerhin kapiert, dass man der Fällt-dir-nichts-auf?-Falle in der Regel mit drei Antworten entkommen kann: Neue Frisur. Neues Kleid. Neue Schuhe.

Etwas befremdlich für uns Frauen wird's dann nur, wenn der Kontext nicht mehr stimmt. Netter Versuch, aber ... beim Friseur war ich vor sechs Monaten, das Kleid trage ich schon seit dem letzten Sommer, und die Schuhe sind eigentlich die Treter, mit denen ich normalerweise den Rasen mähe.

Man muss einfach wissen, dass Männer auf die Frage „Fällt dir nichts auf?“ reflexartig reagieren, etwa in der Art, wie es einst Herr Pawlow in seinen Lernversuchen mit Tieren demonstrierte (Danke, Herr Pawlow!). Gut, die Trefferquote bei den Tieren war höher. In beiden

Fällen jedoch haben wir es mit einem Automatismus zu tun, dem keine wirkliche Einsicht oder Wahrnehmung zu Grunde liegt.

Die Wahrheit ist und bleibt: Männern fällt nichts auf!

Es soll Männer geben, die vor der „Sportschau" sitzen und nicht mal bemerken, wenn die eigene Frau in Reizwäsche das Haus verlässt. Männer merken nichts! Und sie merken sich auch nichts – jedenfalls nichts, was sie nicht brennend interessiert. Wie zum Beispiel Automarken oder Bundesliga-Ergebnisse. Sie wissen manchmal die absonderlichsten Dinge, zum Beispiel den Namen des finnischen Außenministers, aber fragen Sie einen Mann mal nach der Schuhgröße seiner Freundin!

Männer sitzen stundenlang hinter Zeitungen und vor viereckigen Geräten und vergessen in aller Ruhe Hochzeitstage, Geburtstage und wie wir aussehen – und dann wundern sie sich, wenn wir Frauen irgendwann ausrasten.

Sagte ich, Männer sind Augenmenschen? Habe ich hinzugefügt, dass das maximal für die ersten vier Monate gilt? So außergewöhnlich geschärft wie am

Anfang einer Beziehung sind Männeraugen im normalen Leben natürlich nicht. Und unglücklicherweise steht das Schwinden der Sehkraft im umgekehrten Verhältnis zur Häufung von Amnesieanfällen im Alltag.

Unter dem Motto „Sehen, ohne zu sehen, dabei sein, ohne was mitzukriegen" gleitet der Mann irgendwann ins Land des Vergessens hinüber. Dort lebt es sich ganz gut. Wenn man nicht von hysterischen, ständig fordernden Frauen gestört wird im wohligen Dämmer. Sich an etwas erinnern? Wie mühsam! Das können doch nun wirklich andere besser. Die mit den langen Haaren nämlich.

Zu Hause fragt man „Wo sind meine Socken?", und im Büro fragt man „Wo sind meine Akten?" Und mal ehrlich – wo ist da der Unterschied? Schwarze Löcher überall – und wir sind nur am Stopfen!

Laufen Sie nicht in die Falle! Wenn ein Mann fragt: „Wo sind meine Socken?", ist das eine rhetorische Frage, die bedeutet: „Mein Mutter hat mir doch auch immer die Sachen rausgelegt. Ich hab keine Lust, selbst zu gucken." Und wenn ein Mann fragt: „Wo ist meine Frau?", heißt das lediglich: „Hilfe, der Kühlschrank ist leer!"

1-2-3-Flash-back

Dass der Mann schon in der Kindheit anfängt, nicht mitzukriegen, was los ist, zeigt folgende traurige Geschichte: Als kleines Mädchen verliebte ich mich in einen zehnjährigen Jungen aus unserer Parallelklasse. Am letzten Tag vor den großen Ferien legte ich ihm heimlich drei Zettel ganz unten in seinen Schulranzen und beschriftete sie mit 1, 2 und 3. Auf dem ersten Zettel stand: „Lieber Jörg, ein Mädchen aus meiner Klasse hat sich in dich verliebt. Also, ehrlich gesagt – ich bin es selbst. Willst du mit mir gehen? Deine Freunde müssen ja nichts davon wissen."

Auf den zweiten Zettel hatte ich geschrieben: „Wenn du es willst, dann lege nach den Ferien einen Brief unter den Landkartenständer hinter dem Waschbecken und zwar in der zweiten großen Pause."

Und auf dem dritten Zettel hatte ich ein großes rotes Herz gemalt und darüber mit meinen noch lückenhaften Englischkenntnissen geschrieben: „I luv you."

Die ganzen Ferien über fragte ich mich, was wohl geschehen würde.

Am ersten Schultag ging Jörg im Flur an mir vorbei. Ich grüßte, und er guckte kurz hoch und sagte: „Tach auch." Ich lächelte komplizenhaft. Ich verstand sofort, dass er sich möglichst unauffällig verhalten wollte, denn sein Freund war dabei, aber ich hatte genau gemerkt, wie aufgeregt er war. Das hörte man schon daran, wie er das „Tach auch" gesagt hatte. Das war zwar kurz, aber das *war's* ja gerade. Das zeigte ja, dass er es ernst meinte.

Als die Schule aus war, schlich ich in seine Klasse, um nach dem Antwortbrief zu schauen. Leider fand ich keinen Zettel unter dem Ständer am Waschbecken. Ich nahm an, dass er keine Gelegenheit gehabt hatte, den Zettel zu verstecken. Auch am nächsten Tag gab es keine Post für mich, und mein Herz tat schon weh vor lauter Anspannung. Sicherlich war er krank und gar nicht zur Schule gekommen. Ich drückte mich in den Pausen ohne Erfolg vor seiner Klasse herum – und dann traf ich ihn nach Schulschluss an der Bushaltestelle. Er stand mit ein paar anderen Jungen da, und sie lachten gerade. Er tat so, als bemerkte er mich nicht. Aber als ich vorbei ging, rief er plötzlich: „Da kommt die 333!" Und ich verstand. Drei! *Zettel 3!* Er hatte nicht gesagt: Da kommt der Bus, sondern: Da kommt die dreidreidrei. Und auf dem dritten Zettel von mir hatte gestanden „I luv you". Das war seine Antwort an mich!

Ich lächelte ihm zu, und er stürzte an mir vorbei in den Bus. Ich war glücklich. Doch – Sie ahnen es schon – mein Glück sollte nicht von Dauer sein. Nachmittags kam Jörgs Mutter zu meiner Mutter zum Kaffee. Ich machte gerade meine Schularbeiten in der Küche und hörte, wie sie sich im Wohnzimmer unterhielten. Und so erfuhr ich die ganze schreckliche Wahrheit: Jörg hatte meine kleinen Zettel nie gefunden. Seine Mutter hatte irgendwann in den Ferien den zugemüllten Tornister kurzerhand ausgeschüttet und zwischen Bananenschalen und zerknüllten Tempotaschentüchern war sie auf meinen *I-luv-you*-Zettel gestoßen und hatte sich bei ihrem Sohn entschuldigt, dass sie versehentlich seine „Post" geöffnet habe. Und Jörg hatte sie angeschaut wie ein Auto und gefragt: „Hä? – Welcher Zettel?"

Überflüssig zu sagen, dass dieser Schussel derselbe Junge war, der alle Daten und Auftrittstermine seiner Lieblingsband aus dem Kopf herunterbeten konnte.

Merke:
Ob ein Mann etwas mitkriegt oder nicht, hat wohl nur mit Interesse oder dem Gegenteil davon zu tun. Und das ist für uns Frauen manchmal echt hart.

Der kleine Männererkenner sagt ...

Warum das alles so ist? Nun – irgendwo muss ein Mann ja haushalten mit seinen Kräften. Und ein Leben zwischen Vergesslichkeit und Verdrängung ist offenbar eine gute Möglichkeit, sich lästige oder unangenehme Dinge vom Hals zu halten.

Und was die allmähliche Erlahmung jeglicher Wahrnehmung unserer Person betrifft, die uns Frauen wirklich erschüttert, ja!, erschüttert ... also – ich will jetzt echt nicht wieder mit dem Jäger und Sammler kommen, aber es hat so was, oder?

Ich meine, wenn ein Tiger auf die Jagd geht, sind alle seine Sinne geschärft und geschmeidig, aber wenn er seine Beute erst mal hat, wird er träge und macht ein Nickerchen. Und daran können nur zwei Dinge etwas ändern: Gefahr für Leib und Leben oder ein neues Objekt der Begierde.

Sorry, aber so ist es!

Wenn Sie also nächstes Mal Ihre tolle schwarze Netzstrumpfhose tragen und in der Stadt jeder, aber auch wirklich *jeder* Mann auf Ihre Beine geguckt hat, ärgern Sie sich nicht, wenn Sie nach Hause kommen und der Mann hinter der Zeitung sagt: „Schön, dass du kommst, wann gibt's Essen?" Denken Sie an den Tiger – und kraulen Sie ihn hinter den Ohren.

Was kann man machen?

Ich weiß, es geht Ihnen gegen den Strich, aber hören Sie auf, Fallen zu stellen. Ändern Sie Ihre Fragetechnik.

Sagen Sie nicht: „Fällt dir nichts auf?" Sagen Sie stattdessen: „Wie gefällt dir meine neue Frisur / mein neues Kleid / meine neuen Schuhe / meine neue Unterwäsche?" Okay – von mir aus auch –„meine neue Netzstrumpfhose".

Schreien Sie nicht: „Du hast schon wieder unseren Hochzeitstag vergessen!" Nehmen Sie rechtzeitig einen roten Stift, und malen Sie in seinem Terminkalender herum. Fangen Sie etwa sechs Wochen vor dem Zieldatum an, und schreiben Sie: „In sechs Wochen Hochzeitstag!" Malen Sie ein kleines Herz dazu, damit er sich nicht gegängelt fühlt. Wiederholen Sie diesen Eintrag mehrfach, und versehen Sie ihn mit Zusätzen wie „Heute Geschenk kaufen! Heute Tisch für zwei reservieren im XXX (ein Restaurant Ihrer Wahl). Heute großen Strauß Rosen kaufen und unten im Keller verstecken!"

Vergessen Sie jeden indirekt geäußerten Wunsch! Sparen Sie sich Sätze mit beleidigtem Unterton wie: „Da hättest du ja auch mal von selbst drauf kommen können!" Männer *kommen* nicht *von selbst* drauf!

Überlegen Sie doch mal: Wenn schon in der Werbung zum Hochzeitstag nur eine Packung „Mon Chéri“ für sie rausspringt und sie da schon überwältigt „Danke“ haucht – ja, was glauben Sie denn, was im wirklichen Leben los ist?

Wenn Sie das Goldarmband wollen, dann nehmen Sie Ihren Liebsten mit und sagen: „Das da!“

Wenn er das nächste Mal seine Socken nicht findet, springen Sie nicht gleich mit dem Kampfschrei „Hast-du-denn-keine-Augen-im-Kopf-immer-muss-ich-alles-suchen?“ auf. Bleiben Sie gemütlich sitzen, und antworten Sie mit sehr ratloser, sehr sanfter Stimme: „Also … ich weiß auch nicht, Schatz …“

Und bitte! Verstecken Sie keine Liebesbotschaften oder Geschenke ohne Vorwarnung in Koffern, Jackentaschen oder auf seinem überfüllten Schreibtisch! Ihr Süßer wird das im Leben nicht finden … beim nächsten Umzug vielleicht!

„Das kannst du viel besser, Liebling!“
Männer an der Home Front

Der Klassiker:

Die Neonröhre im Bad flackert und verlischt. „Du, Schatz“, sagt SIE, „die Neonröhre im Bad müsste ausgetauscht werden.“ Damit meint sie, dass er die Neonröhre im Bad austauschen soll.

ER antwortet „Ähä.“ Und meint damit ... erst mal nichts.

Glücklicherweise gibt es ja noch die Deckenlampe. Tage später sagt sie: „Schatz, hast du daran gedacht, eine neue Neonröhre zu besorgen?“ Damit meint sie, dass er jetzt endlich mal diese verdammte Neonröhre auswechseln soll.

Er antwortet: „Ja, ja. Ich kümmere mich drum.“ Und meint damit, dass er sich irgendwann mal drum kümmern wird, aber es kann auch sein, dass er es vergisst.

Zwei Wochen später – man hat sich an die neue, sanfte Beleuchtung im Bad schon gewöhnt – flackert die Deckenlampe und gibt ihren Geist auf.

Er verspricht, sich drum zu kümmern – jetzt lohnt

sich der Gang zum Baumarkt ja endlich –, und sie stellt derweil Kerzen auf.

Eine weitere Woche vergeht, ohne dass etwas passiert. Okay, Baden bei Kerzenschein mag ganz romantisch sein, aber beim Zähneputzen und Schminken hätte sie doch lieber die Option einer helleren Lichtquelle.

„Sag mal, was ist jetzt mit dem Licht im Badezimmer?“, sagt sie. „Kannst du das jetzt endlich mal in Angriff nehmen, oder muss ich das auch noch machen?“

„Ja, ja“, antwortet er und stöhnt hinter seiner Zeitung hervor. „Ich hab auch noch ein paar andere Dinge zu tun.“

Drei Tage später kennt sie sich nicht mehr vor Wut. „Würdest du jetzt mal bitte die Zeitung weglegen und endlich das Licht im Bad reparieren!“, schnauzt sie ihn an.

„Was soll das Geschrei?“, entgegnet er mit feindlichem Unterton. „Ich hab doch gesagt, ich kümmere mich drum! Und wann ich das mache, das musst du schon mir überlassen!“

Irgendwann, das steht fest, wird er Glühbirne und Neonröhre auswechseln. Vielleicht in einer Woche, vielleicht in einem Jahr. Und bis dahin muss sie sich halt weiterhin bei Kerzenschein die Zähne putzen. Lang lebe das Provisorium!

Sagte ich bereits, dass Männer gut im Aussitzen sind? Das gilt erst recht für den Haushalt. Viele Dinge erledigen sich von selbst, nicht wahr, wenn man nur lange genug wartet.

Okay, wir wissen nicht, ob im Bad immer noch die Kerzen brennen. Ich vermute aber eher mal nein. Denn inzwischen hat die Frau ihre Ungeduld nicht mehr bezähmen können – und die Sache höchstpersönlich in die Hand genommen. Selbst Schuld, kann man da nur sagen. Wer nicht warten kann, muss machen.

Männer sind äußerst geschickt darin, lästige Sachen zu vergessen oder sich bei Arbeiten, die wir ihnen auftragen, so blöd anzustellen, dass wir irgendwann eingreifen. Und schon haben wir wieder verloren im lustigen „Fang-den-Hut"-Spiel.

Sie sagen beispielsweise: „Räumst du bitte den Tisch ab?!"

Jetzt gibt es zwei Möglichkeiten: Er sagt „jaja" – und vergisst (?) drei Sekunden später, was Sie gesagt haben. Vielleicht hat er auch nicht richtig hingehört. Oder er steht tatsächlich auf und fängt an, den Tisch abzuräumen. Ich sage jetzt ganz bewusst *fängt an,* denn in der Regel werden angefangene Arbeiten nicht zu Ende geführt.

Männer stellen abgeräumte Teller grundsätzlich *auf* die Spülmaschine. Damit ist für sie der Auftrag offenbar erledigt. Und die dummen Frauen räumen die schmutzigen Teller dann später unter großem Geschrei selbst ein. Und das eben ist der Fehler!

Männer im Haus sind wie Kleinkinder. Man muss ihnen *genau* vorgeben, was zu tun ist. Natürlich machen sie die zu erledigende Aufgabe immer erst mal halb. Unser Gemecker beeindruckt sie überhaupt nicht – das kann ich Ihnen versichern. Das nimmt man gerne in Kauf, wenn man auf dem Sofa sitzen bleiben kann. Und selbst der willigste Mann, der nach dem Abendbrot die Küche aufräumt und die Teller tatsächlich *in* die Spülmaschine stellt, wird nicht die Krümel auf der Anrichte wegputzen. Pfannen und Töpfe lässt er grundsätzlich „zum Einweichen" stehen. Und da würden sie die nächsten hundert Jahre einweichen, wenn wir uns ihrer nicht am nächsten Tag annehmen würden.

Die Frage „Hilfst du mir mal?" wird von Männern idealerweise im klassischen Dreischritt abgefedert, der da lautet:

Überhört –Vergessen – Falsch verstanden.

Zum Beispiel die Frage „Hilfst du mir mal, die Einkäufe ins Haus zu bringen?" Eigentlich keine Frage, die erklärungsbedürftig ist. Es hat aber schon durchaus Fälle gegeben, wo der Mann erzählenderweise (er hatte gerade etwas Interessantes in der Zeitung gelesen, was er mitteilen wollte) neben der schleppenden Frau herging und in schöner Regelmäßigkeit und mit leeren Händen die Strecke Auto – Haus, Haus – Auto mehrfach zurücklegte, ohne das auch nur zu bemerken. Man kann nur hoffen, dass er anschließend nicht zu erschöpft war.

Männer stehen im Haus gern im Weg. Manchmal hat man den Verdacht, dass sie das extra machen. Damit wir irgendwann die Nerven verlieren und sagen: „Komm gib her, ich mach das schon!"

Wahrscheinlich ist das ihre Rache dafür, dass wir im Auto nicht die Karte lesen wollen.

Schwierigere Arbeitsaufträge wie bügeln, Koffer pakken oder die Bedienung der Waschmaschine braucht man an Männer gar nicht erst zu vergeben – sie sind schlau genug, sich so dumm anzustellen, dass wir ihnen die Sachen doch wieder aus der Hand reißen. Wenn sie dann dankbar seufzen: „Das kannst du doch viel besser, Liebling", heißt das nur: „Schön, dass ich wieder eine Dumme gefunden habe."

Mal ehrlich – warum sollte es für einen Mann

schwieriger sein, die Knöpfe einer Waschmaschine zu bedienen als die Knöpfe einer Stereo-Anlage? Das entbehrt doch jeder Logik.

Besonders schlimm wird es natürlich, wenn wir mal weg sind. Unter dem Motto „Dumme Fragen gibt es nicht!“ entblöden Männer sich nicht, uns noch im Ausland auf dem Handy anzurufen, wenn wir (auch mal) in einer wichtigen Besprechung sind, und Sachen zu fragen wie: „Wo finde ich den Zucker?“ Oder: „Warum haben die Kinder keine Unterhosen?“ Oder: „Marie hat gerade ins Bett gemacht, was soll ich tun?“

Wenn wir dann ins Handy zischen: „Wo er immer steht, neben dem Kaffee!“ Und: „Natürlich haben die Kinder Unterhosen – die liegen in der obersten Schublade, du Idiot!“ Und: „Dann musst du das Bett halt neu überziehen!“, brauchen wir eigentlich niemandem mehr zu erklären, wer gerade dran war. „Mein Mann“, sagen wir und lächeln entschuldigend in die Runde. Aber das wussten bereits alle, wetten?

Nun sollte man ja denken, dass Männer eventuell dankbar wären, dass wir uns um alles kümmern. Und froh, wenn wir wieder zurück sind. Doch die Dankbarkeit hält sich in Grenzen, und in einigen Fällen schlägt das Imperium dann sogar noch zurück.

Wenn Männer mal ein paar Tage die Stellung halten müssen, fühlen sie sich gleich auf den Plan gerufen, unser System zu bemängeln. „Was hast du eigentlich für eine Scheiß-Ordnung im Schrank", sagen sie dann. „Wie soll man denn da was finden?!"

Als ob sie je gesucht hätten!

1-2-3-Der Waldbär kocht ein Ei!

Wer sagt, dass Männer nicht kochen können, ist ungerecht.

Die meisten Männer können in der Regel drei Gerichte: Spiegelei. Rührei. Ei.

Wobei letzteres eigentlich immer hart ist. Aber was macht das schon? Eier sind gesund. Sie stärken die Manneskraft. Und man kann sich damit eine Weile am Leben erhalten.

Neuerdings haben die Männer auch die Mikrowelle für sich erschlossen. Die ist viereckig, sieht fast aus wie ein Fernseher und ist leicht zu bedienen. Mit diesem Gerät hat die Küche für den Mann eindeutig an Attraktivität gewonnen. Das Gute daran ist ja auch, dass man keine Töpfe benutzen muss, um sein Essen warm zu kriegen. Und dass es dazu passend die Fertiggerichte gibt. Mal was anderes als Pizza und belegte Brötchen, wenn die Frau aushäusig ist und *nicht* vorgekocht hat.

Okay – ich merke schon, dass ich an dieser Stelle die Drei-Sterne-Laien-Köche erwähnen sollte. *Wenn* Männer nämlich kochen können, erspart die Axt im Haus den Zimmermann. Dann haben wir aber gar nichts in der Küche verloren. „Raus ... raus hier – ich muss hier meine Ruhe haben!", sagt Herr Wichtigmann, und wir sind allenfalls für niedere Dienste da – und natürlich anschließend gefragt, wenn es gilt, das Schlachtfeld aufzuräumen. Was ein echter Gourmet ist, der kocht mit Inbrunst und kümmert sich nicht um derart profane Dinge. Außerdem kocht er nicht einfach so. Und schon gar nicht normale Sachen. Männliche Köche sind zu Höherem geboren. Und folgen einem strengen Dogma. Wenn, dann kocht er ausschließlich mit Koriander und weißen Sommertrüffeln, und der Wein, den man trinkt, muss derselbe sein, mit dem man kocht. Der Chef de Cuisine kocht auch nicht irgendwann. Es sind immer besondere Gelegenheiten. Und der Erfolg ist immer durchschlagend. Männer sind wahre Meister darin, wenn es darum geht, mit dem geringsten Aufwand die größtmögliche Außenwirkung zu erzielen.

Man legt einmal an Weihnachten die Gans und die Kastanien in den Bräter oder wickelt an Silvester Spinat und Frischkäse in die Involtini – und dann lehnt man sich entspannt zurück und lässt sich bis zum nächsten Jahr feiern wie ein Held. So macht Kochen Spaß!

Der kleine Männererkenner sagt ...

Wie kann das sein, dass in Zeiten, in denen immer mehr Frauen arbeiten, zu Hause nach wie vor die klassische Rollenverteilung stattfindet? Sehen Männer denn nicht, dass die Frau jetzt alles macht? Arbeit, Haushalt und Kinder?

Vielleicht sehen sie es, aber es ist doch nun mal so, dass Frauen von Natur aus einfach belastbarer sind. Das sagen zumindest die Männer. Und – gibt es nicht Afrika? Da tragen die Frauen auch immer selbstverständlich die Lasten auf dem Kopf und lächeln sogar noch dabei. Und wenn sie ihre Kinder bekommen, legen sich die Männer drei Tage in die Hütten und leiden mit.

Zudem müssen Männer ja schon Tag für Tag hart arbeiten – all die anstrengenden Konferenzen, die wichtigen Meetings, die anstrengenden Dienstreisen. Und da es bei Männern ja immer um die Existenz geht, ist ihre Arbeit natürlich auch wesentlich anstrengender.

Deswegen machen die Männer im Haus ganz klassisch ... nichts.

Von wenigen löblichen Ausnahmen abgesehen, rühren sie keinen Finger und haben nicht mal ein schlechtes Gewissen dabei. Frauen sind ja sowieso immer schneller und wissen alles besser. Warum soll man sich da anstrengen? Man kann ja doch immer nur der Igel sein. Und ehrlich – der Hase wäre man sowieso nicht gern. Wenn die Frau dann wieder meckert – über irgendwas meckert sie ja immer – , kann man immer noch sagen: „Ja, gleich" ... und in aller Ruhe abwarten.

Und am nächsten Tag geht man dann wieder hart arbeiten – und hat erst mal seine Ruhe. Und wenn man Glück hat, ist alles schon gelaufen, wenn man wieder zurückkommt.

Manchmal kann man sich des Eindrucks nicht erwehren, dass sich für Männer seit den Urzeiten, wo die Neandertalerin in der Höhle saß und das Heim gemütlich machte und der Neandertaler ins feindliche Leben auszog, um zu jagen und die Beute nach Haus zu tragen, nicht viel geändert hat.

Doch – etwas hat sich geändert. Früher schafften die Männer unter Einsatz ihres Lebens das Essen herbei. Heute muss man das als Frau auch noch machen. Im Supermarkt. An der Fleischtheke. Auf der Jagd nach Sonderangeboten.

Okay – es soll Männer geben, die einkaufen gehen, wenn man ihnen genaue Listen schreibt. Und manche Männer bringen ihrer Frau sonntags das Frühstück ans Bett. Aber das ist eine nette Geste und kein Zeichen dafür, dass der Mann bereit ist, im Haus Verantwortung zu übernehmen.

Im Grunde seines Herzens fühlt sich der Mann im Haus nicht zuständig. Zuhause – das ist sein Restaurant, sein Hotel, der Abstellplatz für sein Auto, die Oase zum Auftanken, seine Schlafhöhle. Zuhause ist da, wo man seine Sachen fallen lässt und sich gern als Gast fühlt.

Was kann man machen?

Man kann eigentlich nur eines machen: Auch warten. Und dabei Zeitung lesen. Oder besser noch ein Buch, weil das in der Regel länger dauert. Das macht auf Dauer auch schlauer, als immer hinter ihm herzuräumen und wichtige Lebenszeit mit Tiraden über zerknüllte Socken vor dem Bett zu vergeuden. Wenn Sie den Nerv haben zu warten, bis auch der letzte Teller und die letzte Tasse in der klebrigen Küche herumsteht und die letzte Wurst aus dem Kühlschrank gegessen ist, kann es passieren, dass der Mann ganz von selbst anfängt aufzuräumen. Oder er geht ins Hotel.

Ansonsten: Delegieren Sie alles Lästige an andere: Putzen, Kochen, Bügeln, jeden handwerklichen Handgriff. Das kann zwar richtig teuer werden. Aber vielleicht verdient Ihr hart arbeitender Mann ja genug.

Zu guter Letzt …
Eine Art Nachwort

Ich weiß, dass es jetzt einige Menschen (Männer) gibt, die vielleicht sauer sein werden.

Zu Recht werden diese Menschen sagen: „ Na, toll! Das ist ja mal wieder typisch Frau! Immer über die armen Männer herziehen! Schließlich gibt's ja wohl auch noch ein paar gute Eigenschaften, an denen man Männer erkennen kann!“

Und natürlich ist das so! Aber, mal ehrlich – wer wollte so was lesen? Das ist doch gerade das Gute am Klischee, dass es die Dauerbrenner der menschlichen (in diesem Fall männlichen) Schwächen aufzeigt. Ich meine – jeder weiß zwar, dass ist jetzt total übertrieben (sonst wäre es ja auch nicht lustig!), aber jeder weiß eben auch, dass immer etwas dran ist an so einem Klischee.

In manchen Büchern stehen Sätze wie „Dies ist ein Werk der Fiktion. Alles ist frei erfunden. Irgendwelche Ähnlichkeiten mit lebenden oder bereits verstorbenen Personen sind rein zufällig.“

In diesem Buch stehen solche Sätze nicht. Dreimal dürfen Sie raten, warum das so ist? Weil im wirklichen

Leben Dinge zwischen Männern und Frauen passieren, die man nicht in seinen kühnsten Träumen erfinden könnte.

Trotzdem soll an dieser Stelle nicht verschwiegen werden, dass es durchaus Männer gibt, die anders sind. Oder zumindest Männer, die in bestimmten Situationen anders sind.

Es gibt Männer, die streuen rote Rosen auf unser Bett, während wir noch schlafen. Es gibt Männer, die wissen nach Jahren noch, dass wir Chanel Nr. 5 benutzen und nicht Chanel Nr. 19. Es gibt Männer, die gehen ums Auto rum und halten uns die Türe auf. Es gibt Männer, die backen uns Kuchen in einer Teedose, weil sie nicht wissen, dass es Kuchenformen gibt. Es gibt Männer, die schicken uns SMS mit den Worten „Ich vermisse dich! Komm! Wo bleibst du denn so lange?!" Es gibt Männer, die nehmen uns ganz fest in den Arm, wenn wir mal wieder kurz vorm Durchdrehen sind, und sagen: „Mach dir keine Sorgen, du legst dich jetzt ins Bett, und ich kümmere mich hier um alles." Es gibt Männer, die räumen die Teller *in* die Spülmaschine und fegen auch noch durch die Küche. Es gibt Männer, die bereiten uns einen Geburtstagstisch, dass uns vor Rührung die Tränen in die Augen steigen. Es gibt Männer, die werfen ihre gesamte Planung über den Haufen – nur um mit uns zusammen zu sein. Es gibt Männer, die gehen mit uns in „Bridget Jones“, obwohl sie das ziemlich bescheuert finden. Es gibt Männer, die ziehen sich ein rosafarbenes Ralph-Lauren-Hemd an, nur weil wir das gerade toll finden. Es gibt Männer, die küssen gut und sind trotzdem keine Arschlöcher. Es gibt Männer, die versprechen, uns am nächsten Tag anzurufen, und sich noch am selben Abend melden.

Es gibt Männer, die sind einfach total nett!
Auch im wirklichen Leben.

Sollten Sie (männlich und noch zu haben) so jemand sein – dann gehen Sie einfach auf die Straße und rufen Sie laut: „Hier!“

Millionen von Frauen warten auf einen Mann wie Sie!

Gibt es überhaupt noch Geheimnisse über Frauen? Aber Ja!

Christiane Bongertz/
Natali Michaely
NABELSCHAU
Zwei Frauen enthüllen
die letzten 55 Geheimnisse
ihrer Spezies
Sachbuch
Mit einem Vorwort von
Jörg Thadeusz
256 Seiten
ISBN-10: 3-404-60563-2
ISBN-13: 978-3-404-60563-7

Oder wissen Sie, warum Frauen mit ihrem Partner nicht mal eine Stunde Squash spielen können, ohne die Beziehung zu riskieren? Oder warum Frauen ihr Auto erst in die Waschanlage fahren, wenn sie alternativ ein Guckloch in die Frontscheibe meißeln müssten? Und immer wieder die Frage: Was genau meinen Frauen, wenn Sie sagen: »Liebling, wir müssen reden ...«?

Die Autorinnen decken die letzten Geheimnisse ihrer Geschlechtsgenossinnen auf und enthüllen, was Frauen (und Männer) schon immer über Frauen wissen wollten: Frauen und ihre Freizeit. Frauen und Schuhe. Frauen und Sex. Frauen und kein Sex. Und natürlich: Frauen und Männer ...

Bastei Lübbe Taschenbuch

Ein köstlicher, höchst amüsanter Liebesguide für alle auf der Suche nach Mister Right

Doris Burger/Kathrin Klemp
SAG MIR, WAS ER TRÄGT, UND ICH SAGE DIR, WIE ER KÜSST
Ein Männerbestimmungsbuch
Mit zahlreichen Illustrationen und Vignetten
128 Seiten
Laminierter Pappband
ISBN-10: 3-431-03277-X
ISBN-13: 978-3-431-03277-2

Der Titel ist Programm. Doch mit diesem witzig illustrierten Wegweiser für den Beziehungsdschungel erfährt Frau nicht nur, wie Mann küsst, sondern auch, wie er denkt, wie er sich gibt und was sie von ihm erwarten darf. Ob Fliege oder Comicsocke, Hosenträger oder Armaniweste, nichts verrät mehr über sein wahres Ich als sein Outfit: Als Liebhaber Top, als Partner ein Flop. Oder eben umgekehrt?

Warum wird man nie zu einer Tasse Tee mit hoch gebeten, wenn jemand Sex haben möchte?

Harald Braun
FALSCH VERBUNDEN
Die große Liebe:
Vom ersten Date bis zum letzten Telefongespräch
272 Seiten
Gebunden mit Schutzumschlag
ISBN 3-431-03215-X

Der Traum von der großen Liebe. Fast alle träumen ihn, doch die meisten wachen irgendwann mit Albträumen wieder auf. Suchen, daten, lieben, schweigen, trennen, suchen: Ein Teufelskreis. Es gibt viel Seltsames zu beobachten bei dem bunten Treiben geschlechtsreifer, aber offenbar liebesunfähiger Damen und Herren.

Harald Braun widmet sich mit großer Weisheit und noch mehr Ironie und Wortwitz den alles entscheidenden Fragen. Warum für Singles ein langes Wochenende schlimmer ist als ein Töpferkurs an der VHS. Warum Bindungsangst nicht nur ein Phänomen aus dem Wintersportbereich ist. Warum der Satz »Ich brauch jetzt mal mehr Zeit für mich« meist Unerfreuliches einleitet. Warum danach meist eine Wohnung frei wird. Und wie alles von vorn anfängt.

Ehrenwirth